HOROSCOPE
2024
LION

Angeline A. Rubi

Alina Rubi

Publié indépendamment

Copyright © 2024

Astrologues : Alina A. Rubi et Angeline Rubi

Rédaction : Angeline. Rubi

rubiediciones29@gmail.com

Aucune partie de cet annuaire 2024 ne peut être reproduite ou transmise sous quelque forme ou par quelque moyen électronique ou mécanique que ce soit. Y compris la photocopie, l'enregistrement ou tout autre système de stockage et de récupération de l'information, sans l'autorisation écrite préalable de l'auteur.

Qui est Lion ?

Dates : 24 juillet - 23 août

Jour : dimanche

Couleur : jaune, or

Élément : Feu

Compatibilité : Verseau, Sagittaire, Bélier,

Symbole :

Mode fixe

Polarité : mâle

Planète maîtresse : Soleil

Maison 5

Métal : or.

Quartz : rubis, diamants, onyx.

Constellation : Lion

Personnalité du Lion

Sa personnalité est tout simplement exubérante. Dirigé par le Soleil, il possède une force qui motive les autres à bouger et veut toujours briller et dominer.

Cette qualité peut devenir un défaut car il peut être assez dominateur. Il ne connaît pas la vengeance, est généreux matériellement et personnellement, et est le meilleur patron pour un groupe.

Ce signe est enthousiaste, créatif et souvent sensible à la situation des autres ; il aime le luxe et l'aventure ; prendre des risques le motive.

Ils se caractérisent également par une haute opinion de tout, et surtout d'eux-mêmes, ce qui explique qu'ils évitent la vulgarité.

Elles sont organisées, excellent souvent dans les postes à responsabilité et ont une grande capacité à obtenir le matériel nécessaire pour développer leurs objectifs. Les obstacles ne les empêchent pas d'avancer. En fait, elles s'en nourrissent.

Ils sont loyaux et protecteurs. Ce sont d'excellents amis, affectueux et protecteurs. Elles ne laissent pas tomber leurs proches, ce qui signifie qu'elles sont parfois impliquées dans les problèmes d'autrui.

Ce sont des mauvais perdants : ils sont assez ambitieux et provocateurs et aiment aussi se montrer. Si quelque chose ne va pas dans leur sens, ils réagissent de manière destructrice.

Ils profitent de chaque seconde, aiment la vie, aiment s'amuser et apprécient toutes sortes de divertissements : musique, cinéma, théâtre, nature. S'ils ne peuvent pas profiter de leurs loisirs, leur humeur change et ils s'éteignent.

Ils sont amoureux, c'est un sentiment qu'ils aiment et c'est l'un des ingrédients fondamentaux de la sauce de vie qu'ils recherchent toujours. Avec leur partenaire, ils aiment se sentir admirés et félicités.

Elégants dès le berceau, avez-vous remarqué leur démarche et leurs mouvements ? En général, les natifs du Lion ont un physique impressionnant, ils marchent avec élégance et ont tendance à avoir un regard captivant.

Fiers et hautains, ils peuvent être tyranniques et, parfois, quelque peu despotiques.

Horoscope du Lion

Général

2024 apporte des énergies de seconde chance pour les Lion, alors réfléchissez à ce que cela pourrait signifier pour vous.

Il peut y avoir de grands changements dans vos relations, dans la façon dont vous les abordez et les gérez, dans les personnes que vous attirez et dans ce que vous voulez et ce dont vous avez besoin dans vos relations personnelles.

Les éclipses lunaires mettent l'accent sur ce que vous devez transformer pour améliorer vos relations. Il se peut que vous deviez faire face à quelque chose que vous avez fui pendant un certain temps, ce qui peut être bouleversant, mais qui vous aidera finalement à aller de l'avant.

Vous pouvez vous sentir plus ambitieux et viser le succès. Vous atteindrez une forme de succès que vous attendez depuis des années.

Vous serez enthousiasmé par votre travail et, si vous n'êtes pas passionné, vous pourrez vous concentrer cette année sur la recherche d'un nouvel emploi.

Les nouvelles Lunes vous donneront l'occasion de chercher un nouvel emploi, si c'est ce que vous voulez, et vous pourrez commencer de nouveaux projets et vous concentrer sur ce qui vous passionne.

Vous devrez probablement procéder à des changements importants, mais vous devez le faire de manière intelligente. Si vous aimez ce que vous faites, vous pouvez faire de grands progrès et réussir. Des opportunités se présenteront qui vous aideront à investir, et vous trouverez des moyens créatifs de vous sentir plus confiant dans la façon dont vous investissez votre argent.

Vous devez protéger votre santé, n'essayez pas de tout faire en même temps. Traitez les problèmes au fur et à mesure qu'ils se présentent.

Les périodes où vous serez confrontés à des défis importants sont le début de l'année et les mois d'été.

Amour

Pluton se trouve dans votre secteur de l'amour depuis plus d'une décennie, ce qui fait que vous êtes plus sérieux et plus intense à propos de l'amour et que vous le prenez beaucoup plus au sérieux. Ce qu'est l'amour, et ce qu'il signifie pour vous, a subi une transformation, mais maintenant vous vous sentez plus aligné avec ce qui est vrai pour vous. Vous savez ce que vous voulez vraiment et ce dont vous avez besoin dans une relation et si vous êtes engagé, vous êtes prêt à donner.

Pendant les périodes de rétrogradation de Mercure, les problèmes existants dans vos relations amoureuses augmenteront et cela peut vous faire sentir frustré et impatient avec les autres, mais vous devez travailler sur tous ces problèmes et vous améliorer.

Cette année peut être une bonne période pour raviver les flammes d'une relation existante ou renouer avec un ancien amour, en particulier avec les nouvelles Lunes qui peuvent fournir des occasions de le faire. Quoi qu'il en soit, vous devriez essayer d'entretenir vos liens avec les autres et de leur apporter votre soutien.

Saturne et Neptune seront dans votre secteur de l'intimité toute l'année, et c'est pourquoi il est important pour vous d'avoir un lien spirituel avec vos proches. Vous ferez preuve de plus d'assurance et de réalisme dans la gestion de vos liens affectifs avec les autres.

Vous pouvez vous concentrer sur les anciens problèmes et traumatismes qui ont entravé ces liens de manière saine, et tirer des leçons du passé qui vous aideront à créer de meilleurs liens à l'avenir.

Pour certains Lion, l'amour peut conduire au mariage. Si vous êtes un Lion célibataire, préparez-vous à trouver le grand amour. Mais attention, vous ne devez pas faire confiance à tout le monde car certaines personnes pourraient essayer de profiter de votre gentillesse.

Les Lions mariés verront le bonheur et la croissance de leur famille. Pour que votre partenaire soit heureux, concentrez-vous sur son bien-être. Cette année, vous écrirez d'incroyables souvenirs avec votre partenaire. Votre amour se renforcera et atteindra de nouveaux horizons.

Des malentendus peuvent survenir de temps à autre, c'est pourquoi il est important de faire preuve de patience dans les moments difficiles. N'oubliez pas de respecter les décisions de votre partenaire et de ne pas imposer vos opinions. Avec de la patience, votre relation restera forte et heureuse.

Certains Lion pourraient renouer avec un amour passé, alors gardez le cœur ouvert. Vous pourrez dissiper de vieux malentendus et profiter de l'amour.

Vous apprécierez chaque instant et vos relations familiales seront renforcées par l'amour et la compréhension.

L'économie

Uranus rejoint Jupiter jusqu'au 25 mai dans votre secteur de l'argent. Cette combinaison est fabuleuse pour faire des percées soudaines et connaître le succès d'une manière rapide, inattendue et non conventionnelle. Vous pouvez aborder vos objectifs et vos projets à long terme d'une nouvelle manière, ce qui vous ouvrira de nouvelles portes.

2024 sera un mélange de gains et de pertes. Votre travail acharné vous rapportera de l'argent, mais des problèmes familiaux ou autres entraîneront une instabilité financière. Essayez d'économiser de l'argent pour faire face aux situations difficiles. Dépenser avec sagesse peut vous éviter quelques maux de tête.

La première moitié de l'année sera marquée par un mélange de bons et de mauvais moments, car vos dépenses augmenteront, mais vous gagnerez aussi plus d'argent. Si vous ne contrôlez pas vos dépenses, vous risquez de rencontrer des problèmes financiers.

Cependant, grâce à Jupiter, si vous vous y mettez, vous pourrez économiser de l'argent car des ressources vous parviendront de différentes sources et vous pourrez acheter une maison, si c'est ce que vous vouliez faire.

Si vous n'avez pas d'assurance maladie, les coûts des soins de santé peuvent nuire à vos finances. C'est pourquoi vous devez surveiller vos dépenses et gérer intelligemment votre argent. N'oubliez pas de prendre des décisions financières judicieuses.

La santé de Lion

Cette année, vous serez en excellente santé. Vous vous sentirez énergique, heureux et fort, à la fois dans votre corps, votre esprit et votre âme. Il est important d'être fort mentalement et, par chance, vous commencerez l'année avec une mentalité forte. Vous sentir en bonne santé vous aidera à réussir dans votre travail.

Vous serez en bonne santé et ne souffrirez pas de maladies. Si vous avez des problèmes de santé chroniques, cette année pourrait être celle où vous les surmonterez. Pour rester en bonne santé, essayez d'ajouter la méditation et l'exercice à votre routine quotidienne. N'oubliez pas qu'il est essentiel de garder l'esprit calme et sans stress pour rester en bonne santé.

Le repos est important pour la santé, il faut boire beaucoup d'eau et s'exposer au soleil pour la vitamine D.

Les adultes Léo peuvent ressentir des douleurs aux genoux ou aux articulations, en particulier pendant la saison hivernale.

Changez vos habitudes alimentaires pour être en meilleure santé. Faites attention aux accidents et aux blessures, en particulier lorsque vous conduisez ou que vous pratiquez du sport.

Famille

Vous vous concentrerez sur les questions relatives à la maison et à la famille. Vous vous efforcerez de terminer des projets à la maison, ce qui vous aidera à vous sentir plus à l'aise, plus stable et plus sûr sur le plan émotionnel.

Pendant les périodes de pleine lune, des problèmes familiaux peuvent faire surface et il est important de les aborder et de les résoudre.

L'environnement familial sera en général très calme et harmonieux au cours de l'année. Les problèmes éventuels seront résolus à l'amiable. Les membres adultes de la famille peuvent avoir des problèmes de santé qui nécessitent des soins médicaux.

Les obligations professionnelles peuvent vous éloigner des membres de votre famille, mais il y aura des célébrations et l'arrivée de nouveaux membres.

Des ruptures occasionnelles avec votre partenaire peuvent survenir en raison de désaccords familiaux. Soyez très prudent dans vos relations avec vos frères et sœurs, car ils pourraient avoir des problèmes juridiques en raison d'héritages ou de legs. N'agissez pas à la hâte.

Vous pouvez établir une relation stable si vous êtes célibataire, mais en général, il existe de nombreuses possibilités d'améliorer vos relations amoureuses.

Dates importantes

25 mars - *Eclipse lunaire en Lion (pleine lune)*

Cette éclipse mettra fin à des attitudes qui vous ont blessé. Vous devriez essayer de fixer des limites aux personnes qui ont croisé votre chemin. Il est possible que vous mettiez fin à une relation toxique, et ce sera pour le mieux.

2 juillet - *Mercure entre dans le Lion.*

11 juillet - *Vénus entre dans le Lion. Ce transit aura un impact sur vos relations amoureuses et sur la façon dont vous vous comportez avec les autres. Vous pourriez également devenir plus dramatique et exigeant dans vos relations, alors soyez très prudent.*

22 juillet - *Le Soleil entre dans le Lion. Bon retour du soleil.*

08/04/2024 Nouvelle Lune en Lion. *Pendant cette période, vous serez enthousiaste, excité et prêt à agir. Des opportunités pourraient se présenter à vous. Vous devriez prendre des initiatives et aller vers ce que vous voulez, et faire bouger les choses. Cette Nouvelle Lune arrive quelques jours avant la rétrogradation de Mercure dans votre signe, donc vous pourriez être plus concentré sur une deuxième chance.*

 14/08/2024 au 28/08/2024 Mercure rétrograde en Lion *(après avoir commencé en Vierge). Cette rétrogradation peut être à l'origine de nombreux malentendus, d'un manque de concentration et de l'impression que de petites choses ne cessent de surgir et d'exiger votre attention. Vous pouvez être dispersé, anxieux et stressé. Essayez d'adopter des stratégies* *saines de gestion du stress avant le début de la rétrogradation afin de pouvoir le gérer facilement.*

4 novembre - *Mars entre dans le Lion. Mars dans votre signe est traditionnellement une période de grande énergie et d'enthousiasme pour les nouveaux départs et les affaires. Vous serez enthousiasmé par les opportunités qui s'offrent à vous. Profitez-en tôt, car Mars sera rétrograde à partir du 6 décembre dans votre signe, et terminera l'année rétrograde en Lion. Cela peut amplifier vos frustrations et vos contrariétés, ce qui peut facilement vous irriter et vous faire exploser. Il se peut que vous ayez de petits accidents en conséquence.*

18 novembre 19- *La pluie de météores des Léonides dans le Lion. Les pluies de météores représentent des périodes de transition. C'est une excellente occasion de montrer au monde comment vous voulez être perçu. Vous pourriez planifier un voyage ou raviver des amitiés du passé. Cette pluie de météores représente une période de foi et de confiance.*

Horoscope du mois pour Lion 2024

Janvier 2024

Lion, ce mois-ci, vous pourriez trouver l'amour alors que vous êtes encore en vacances. Si ce n'est pas le cas, vous pourriez rencontrer votre moitié à l'école ou au travail.

Votre charisme vous fera faire des rencontres enviables et l'érotisme s'emparera de votre vie. Malheureusement, lorsque tout semble aller pour le mieux, le fantôme de la jalousie s'approche silencieusement et vous afflige des peurs les plus irréalistes.

Le Lion, plus serein, se débarrassera de ses doutes. Il n'y aura rien de nouveau au travail, tout suivra son rythme et il n'y aura pas de changements particuliers.

Après le 23, vous devez être très patient et prudent dans la manière dont vous communiquez, il est important que vous ne fassiez pas de promesses que vous ne pouvez pas tenir. Essayez d'exprimer correctement vos émotions, même si vous n'êtes pas satisfait.

Au travail, vos performances et votre productivité seront excellentes, mais il est conseillé de se concentrer sur l'accomplissement des tâches à accomplir,

Le succès sera présent dans votre vie, mais vous ne devez pas surestimer son impact et vous engager dans un investissement ou un achat important. Dans ce cas, vous risquez de perdre vos liquidités.

Le Lion doit se fier à son intuition lorsqu'il cherche des sources de revenus.

Le mois de janvier est une période propice à la conception d'un enfant.

Les numéros chanceux
6 - 10 - 12 - 14 - 31

Février 2024

En ce mois d'amour, vous serez enthousiaste et aurez envie de faire plusieurs choses à la fois. Ne prenez pas de décisions sans réfléchir, si vous agissez sur un coup de tête, tout ira mal. Vous serez impliqué dans des situations turbulentes.

Ceux qui ont un partenaire vivront des journées satisfaisantes dans le domaine sexuel. L'érotisme caractérisera chaque rencontre pour les célibataires, il est donc conseillé d'éviter les situations ambivalentes.

Soyez prudent avec votre famille lorsque vous voyagez, surtout lorsqu'il pleut, car il y a un risque d'accident.

Certaines pannes peuvent survenir sur les appareils ménagers de votre maison.

Soyez très prudent lorsque vous communiquez. Vous devez utiliser le bon ton même dans les messages textuels et les courriels, mais si c'est le seul moyen dont vous disposez, utilisez-le à votre avantage. Essayez de conserver autant que possible la bonne humeur dans vos communications.

Les numéros chanceux
2 - 24 - 28 - 29 - 31

Mars 2024

Vous éprouverez des émotions linéaires ce mois-ci, vous vous sentirez confus dans votre tête, nerveux dans votre cœur et avec des sentiments exagérés.

Il vous faudra beaucoup de prudence en amour et de patience avec vos collègues de travail pour traverser cette période difficile.

Si vous avez beaucoup de projets et d'idées en cours, n'oubliez pas que tout prend du temps à se concrétiser. Au lieu de vous précipiter, profitez-en pour perfectionner vos projets.

Dans le domaine des finances, vous ne serez pas à l'abri de dépenses inutiles qui saboteront votre budget. Essayez d'être prudent.

Malgré les conflits avec vos collègues et vos supérieurs, vous atteindrez vos objectifs et obtiendrez d'importantes améliorations matérielles. Les travailleurs indépendants seront soutenus par le destin pour réussir tout ce qu'ils entreprendront et pourront augmenter leur pouvoir d'achat.

À la fin du mois, laissez la vie vous surprendre et profitez des plaisirs qu'elle vous offre. N'oubliez pas que le travail n'est pas le seul élément important, vous devez aussi vous amuser et passer du temps avec vos amis.

Les numéros chanceux
3 - 6 - 11 - 19 - 21

Avril 2024

Ce mois-ci, l'amour sera très bon, si vous commencez à connaître quelqu'un, vous vous sentirez probablement très connecté, vous devez juste être patient.

La famille passera au second plan ce mois-ci, mais vous ne vous sentirez pas coupable comme à d'autres moments.

Ne cessez pas d'apprendre à connaître cette personne qui va soudainement apparaître dans votre vie, même si vous ressentez de la peur, il est important que vous ne confondiez pas ce sentiment d'incertitude avec de la peur. Il s'agit de doutes, liés à de mauvaises expériences vécues dans le passé. Vous devez donner une chance à l'amour.

Surveillez attentivement votre santé. Le rythme effréné de la vie peut vous contraindre à ignorer certaines maladies récurrentes, ce qui peut entraîner des conséquences fâcheuses. Vous devez trouver un équilibre rationnel entre le travail et le repos. Vous devriez avoir un passe-temps, acheter des choses que vous désirez depuis longtemps, rencontrer des amis ou passer du temps avec votre famille.

A la fin du mois, vous devrez prendre des décisions importantes concernant votre avenir professionnel. Si vous n'avez pas d'emploi, vous devrez analyser certaines options qui ne semblent pas favorables pendant cette période.

Les numéros chanceux

9 - 10 - 16 - 20 - 31

Mai 2024

Une personne que tu connais bien éprouve des sentiments à ton égard. Ce changement d'attitude est le signe qu'elle s'intéresse à vous.

Il se passe beaucoup de choses dans votre maison que vous ne soupçonnez peut-être pas.

Un voyage d'affaires peut vous attendre à la fin du mois.

Il est déconseillé d'investir dans l'immobilier ou d'acheter une voiture, car de tels achats peuvent entraîner des problèmes. Ils entraîneront plus de dépenses que vous ne l'aviez prévu au départ.

Les Lion célibataires seront à la recherche d'un partenaire, n'oubliez pas qu'une première impression et des sujets de conversation intéressants sont importants. Il est préférable d'agir lentement pour éviter de gâcher une relation fructueuse.

Vous travaillez avec de nombreuses personnes, et certaines d'entre elles sont parfois insupportables. Ne vous laissez pas abattre, commencez à accepter les erreurs des autres, comme ils acceptent les vôtres. Vous aurez une confrontation avec quelqu'un au travail, ne laissez pas la relation se dégrader.

Les numéros chanceux
7 - 8 - 16 - 22 - 31

Juin 2024

Ce mois-ci, ne laissez pas les erreurs du passé vous empêcher d'aimer à nouveau, vous devez faire ce grand pas avec la personne que vous apprenez à connaître. Ne laissez pas d'autres personnes s'impliquer dans votre relation.

Vous commencerez ce mois en luttant contre votre mauvaise humeur et vous vous sentirez sous pression et désorienté. Au lieu de courir dans tous les sens, vous devriez faire une pause. Utilisez ce temps pour réfléchir à ce que vous voulez faire. Dans le domaine financier, vous aurez des hauts et des bas qui seront difficiles à gérer si vous n'êtes pas organisé dans vos dépenses.

Vous devez modifier votre façon de travailler, vous avez du mal à faire certaines choses, en particulier dans le domaine de la technologie.

Cependant, à la fin du mois, vous serez très enthousiaste et excellerez dans tout ce que vous ferez. Cela peut amener les gens à envier votre succès.

Ce mois-ci, vous aurez des problèmes liés au système digestif, alors concentrez-vous sur une alimentation saine et équilibrée, essayez de vous reposer suffisamment. Essayez de trouver la paix et votre propre harmonie.

Les numéros chanceux
5 - 9 - 13 - 20 - 26

Juillet 2024

Ce n'est pas un bon mois pour commencer une histoire d'amour, et pour ceux qui sont déjà engagés dans une relation, la situation sera critique. Si vous fréquentez quelqu'un depuis un certain temps et que cette personne a tout ce qu'il faut pour vous rendre heureux, n'ayez pas peur de vous engager sérieusement.

Vous devriez revoir votre régime alimentaire. Marchez à l'extérieur et faites de l'exercice fréquemment. Vous devez perdre la peur de mettre fin à des relations toxiques, car vous devez prendre votre vie en main. Il est temps de commencer à abandonner les mauvaises habitudes.

Les restrictions que vous imposez à votre vie et à celle des membres de votre famille, vous devriez les laisser tomber. Vous n'avez pas à influencer la vie des autres en permanence. Si quelqu'un fait quelque chose de mal, conseillez-le, mais ne décidez pas à sa place.

Avant de prendre des décisions d'investissement importantes, vous devriez en parler à vos proches. Votre famille vous aidera à réussir. Écoutez leurs idées. Une bonne planification financière combinée à des dépenses rationnelles vous permettra d'atteindre la stabilité financière dont vous avez besoin.

Les numéros chanceux
18 - 20 - 25 - 28 - 32

Août 2024

Au cours de ce mois, n'oubliez pas de ne pas rejeter la faute sur les autres, même s'il s'agit de votre partenaire ou de vos parents. Chacun doit être responsable de son propre développement.

Vous devez être clair sur ce que vous voulez si vous voulez vous rapprocher de la personne qui vous attire, car cette personne est quelqu'un qui ne joue pas de jeux, et qui veut être un partenaire pour la vie. Il ou elle est probablement votre âme sœur.

Vous ne pouvez pas générer plus d'argent si vous n'investissez pas. Vous avez été trop à l'aise dans votre zone de confort, mais vous devez faire un acte de foi.

A la fin du mois, certains obstacles saboteront vos projets par des retards et un manque de communication. Il y a la possibilité de voyager à l'étranger, à la fois pour le plaisir et pour les affaires. Ne manquez pas l'occasion de vous renouveler dans votre domaine professionnel, ne prétendez pas réussir avec les mêmes connaissances que celles que vous avez acquises pendant vos études, il est bon de continuer à apprendre. Il est bon de continuer à apprendre. Vous devriez suivre des cours de perfectionnement, apprendre les nouvelles technologies et apprendre à les utiliser.

Les numéros chanceux
9 - 13 - 21 - 22 - 27

Septembre 2024

Ce mois-ci, certains aspects planétaires affecteront votre profession. Une personne peu scrupuleuse vous fera prendre du retard sur un projet.

Si vous n'avez pas de partenaire, vous devriez penser à sortir avec des amis et à socialiser, car l'amour se trouve littéralement sur votre chemin. N'oubliez pas que même si le chaos règne partout, il ne doit pas vous affecter. Essayez de ne pas laisser les problèmes des autres être les vôtres. Essayez d'être assez proche pour observer, mais assez loin pour garder les mains propres.

Ce mois-ci, vous ressentirez le besoin d'appeler quelqu'un pour vous excuser d'une erreur que vous avez commise ; il pourrait s'agir d'un ex-partenaire.

Vous entamez une étape clé de votre vie, il est temps de commencer à réfléchir aux étapes à franchir pour atteindre tous les objectifs que vous vous êtes fixés.

Vos actions à la fin du mois apporteront les résultats que vous avez souhaités. Les choses reviendront à la normale. Si, par hasard, un projet est retardé, n'essayez pas de le précipiter, mais profitez-en pour le structurer un peu plus, car le retard est un signe que vous devez vous occuper de détails que vous avez ignorés.

Les numéros chanceux
5 - 6 - 26 - 31 - 33

Octobre 2024

Ce mois-ci, vous vous trouverez dans des situations qui susciteront des émotions très fortes que vous ne pourrez pas gérer. Vous prendrez tout personnellement.

D'un point de vue financier, il est conseillé de ne pas faire trop d'achats importants. Essayez de maîtriser vos dépenses.

Vous pourrez conclure des accords bénéfiques avec vos supérieurs, mais vous ne verrez les résultats définitifs qu'avec le temps. Vous devez être très prudent dans vos réactions.

Vous devriez commencer à prendre davantage soin de votre santé, il est probable que vous ayez un problème médical, ne vous découragez pas si un résultat médical ne se passe pas comme prévu, vous serez en mesure de renverser la situation plus tard.

Vous serez confronté à quelqu'un qui a beaucoup d'influence sur votre travail, vous ne pouvez pas le laisser vous marcher dessus, si vous le laissez faire, ce sera toujours comme ça.

Certains conflits familiaux vous rendront la vie amère à la fin du mois, il est conseillé de laisser les problèmes de côté et de ne pas laisser la différence que vous avez eue se creuser.

Les numéros chanceux
4 - 5 - 18 - 20 – 32

Novembre 2024

Ce mois-ci, vous mettrez de côté beaucoup de choses que vous aimez et donnerez la priorité au travail afin de gagner plus d'argent. N'arrêtez pas de faire de l'exercice, car cela est très bénéfique pour votre santé et votre humeur. Vous devriez également laisser de la place pour le plaisir, tout ne doit pas toujours être du travail, vous devriez commencer à vous amuser davantage.

Vous aurez très peu de patience avec les personnes avec lesquelles vous travaillez, ce qui vous mettra mal à l'aise au point de vouloir quitter votre emploi et chercher d'autres options. Les frictions sont normales, surtout lorsque vous partagez tous les jours les mêmes personnes. Vous ne devriez pas quitter l'endroit où vous êtes parce qu'il est probable que vous ne trouverez pas quelque chose dans les mêmes conditions.

Ce n'est pas une bonne idée de se plaindre de tout à son partenaire. L'amour est un investissement. L'argent, le temps et les efforts que nous investissons se transforment en bien-être pour la personne que nous aimons.

Il se peut que vous souhaitiez vous associer à un inconnu pour créer une entreprise. Vous devez formuler vos stratégies de manière judicieuse.

Les numéros chanceux
3 - 25 - 28 - 34 - 36

Décembre 2024

Les aspects planétaires de ce mois pourraient ruiner vos efforts. Les risques de confusion dans vos idées seront nombreux, alors ne prenez pas de décision et n'ouvrez pas la bouche sans réfléchir.

Votre façon de gagner de l'argent va changer. Vous avez la possibilité de réaliser un exploit dans votre travail.

Vous devez être plus tolérant avec votre partenaire, vous ne pouvez pas être tout le temps en train de penser que les erreurs qu'il ou elle commet sont une raison pour mettre fin à la relation.

Malheureusement, les conséquences des décisions prises il y a plusieurs mois vous affecteront. Vous devez mettre de côté vos ambitions et vous concentrer sur les questions familiales. Si vous envisagez des changements dans votre domaine professionnel, il est préférable d'attendre l'année prochaine.

Si vous désirez une relation, l'amour vous attend, il y a une chance de romance passionnée à l'horizon. A la fin du mois, avec les fêtes, vous pouvez souffrir de problèmes d'estomac, ce qui ne doit pas être sous-estimé. Les personnes en surpoids devraient commencer à planifier leur perte de poids en janvier. À la fin de l'année, les choses s'emballent ou ralentissent.

Les numéros chanceux

5 - 11 - 16 - 34 - 36

Les cartes de tarot, un monde énigmatique et psychologique.

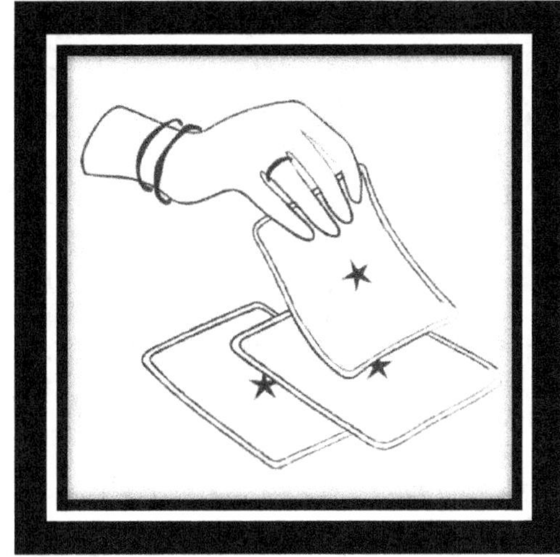

Le mot Tarot signifie "voie royale", c'est une pratique millénaire, on ne sait pas exactement qui a inventé les jeux de cartes en général, ni le Tarot en particulier ; il y a les hypothèses les plus dissemblables en ce sens.

Certains disent qu'il est originaire de l'Atlantide ou de l'Égypte, mais d'autres pensent que les tarots sont venus de Chine ou d'Inde, de l'ancien pays des gitans, ou qu'ils sont arrivés en Europe par l'intermédiaire des Cathares. Le fait est que les cartes de tarot dégagent un symbolisme astrologique, alchimique, ésotérique et religieux, tant chrétien que païen.

Jusqu'à récemment, si l'on prononçait le mot "tarot", certaines personnes imaginaient un gitan assis devant une boule de cristal dans une pièce entourée de mysticisme, ou pensaient à la magie noire ou à la sorcellerie, mais aujourd'hui cela a changé.

Cette technique ancienne a été adaptée aux temps nouveaux, elle a été associée à la technologie et de nombreux jeunes s'y intéressent de près.

Les jeunes se sont isolés de la religion parce qu'ils pensent qu'ils n'y trouveront pas la solution à leurs besoins, ils ont réalisé la dualité de la religion, ce qui n'est pas le cas de la spiritualité. Sur les réseaux sociaux, on trouve des comptes dédiés à l'étude et à la lecture du tarot, car tout ce qui a trait à l'ésotérisme est à la mode ; en effet, certaines décisions hiérarchiques sont prises en tenant compte du tarot ou de l'astrologie.

Ce qui est remarquable, c'est que les prédictions habituellement liées au tarot ne sont pas les plus demandées, mais celles liées à la connaissance de soi et au conseil spirituel le sont davantage.

Le tarot est un oracle, à travers ses dessins et ses couleurs, nous stimulons notre sphère psychique, la partie la plus intérieure qui va au-delà du naturel. De nombreuses personnes se tournent vers le tarot comme guide spirituel ou psychologique car nous vivons une époque incertaine qui nous pousse à chercher des réponses dans la spiritualité.

C'est un outil si puissant qu'il vous indique concrètement ce qui se passe dans votre subconscient afin que vous puissiez le percevoir à travers la lentille d'une nouvelle sagesse.

Carl Gustav Jung, le célèbre psychologue, a utilisé les symboles des cartes de tarot dans ses études psychologiques. Il a créé la théorie des archétypes, où il a découvert une somme importante d'images qui aident à la psychologie analytique.

L'utilisation de dessins et de symboles pour faire appel à une compréhension plus profonde est fréquemment utilisée en psychanalyse. Ces allégories font partie de nous et correspondent à des symboles de notre subconscient et de notre esprit.

Notre inconscient comporte des zones d'ombre, et lorsque nous utilisons des techniques visuelles, nous pouvons en atteindre différentes parties et révéler des éléments de notre personnalité dont nous n'avons pas conscience. Lorsque vous êtes capable de décoder ces messages à travers le langage pictural du tarot, vous pouvez choisir les décisions à prendre dans la vie afin de créer le destin que vous voulez vraiment.

Le Tarot, avec ses symboles, nous enseigne qu'il existe un univers différent, surtout de nos jours où tout est si chaotique et où l'on cherche une explication logique à tout.

Le monde, carte du tarot pour le Lion 2024

Symbole de succès, de victoire et de vie confortable. Il signifie la réalisation de vos projets. C'est la fin et le début de quelque chose de meilleur, un nouveau cycle dans votre vie.

Vos efforts porteront enfin leurs fruits et indiqueront que vous êtes arrivé au terme d'un voyage ou que vous avez achevé une période importante de votre vie.

Vous avez connu des difficultés et des défis tout au long de votre parcours, mais ceux-ci n'ont fait que vous rendre plus forts et plus sages. Plus expérimenté que lorsque vous avez commencé votre voyage.

Cette carte du Tarot est un indicateur d'un changement majeur et inexorable, d'une amplitude tectonique. Ce changement représente une opportunité pour vous de mettre fin à l'ancien et de prendre un bon départ dans le nouveau.

Il indique la maturité, un sens de l'équilibre intérieur et une compréhension plus profonde.

Elle suggère que vous êtes peut-être en train d'acquérir une compréhension plus mûre de votre identité et la confiance en soi qui vient avec l'âge.

Il représente également le franchissement de barrières, parfois dans un sens spirituel, mais parfois aussi dans un sens purement physique, ce qui laisse présager un avenir de voyages.

Runes de l'année 2024

Les runes sont un ensemble de symboles qui forment un alphabet. "Rune" signifie secret et symbolise le son d'une pierre entrant en collision avec une autre. Les runes sont une ancienne méthode magique et visionnaire.

Les runes ne sont pas utilisées pour des prédictions exactes, mais elles sont utilisées pour vous guider sur un événement futur, un sujet ou une décision.

Les runes ont une signification spécifique pour la personne qui le souhaite, mais aussi un message lié aux adversités qui surviennent dans la vie.

Othila, Rune du Lion 2024

Dans l'Antiquité, les Vikings attachaient une grande importance à la rune Othila, qui symbolisait le bien-être de la famille et le foyer.

Othila est une rune bénéfique pour l'acquisition de biens et l'investissement dans les choses matérielles. Elle prédit le succès dans tout ce que vous entreprenez, le développement personnel et les objectifs atteints. Elle prédit que vous recevrez la récompense de votre bravoure et que des opportunités d'avancement se présenteront.

Cette rune indique que vous devriez demander conseil à des professionnels afin de pouvoir relever les défis qui vous attendent.

Il n'est pas facile de se séparer de ceux qui vous sont chers, mais c'est absolument nécessaire pour atteindre vos objectifs, ce qui nuira également à votre sphère familiale, sociale et professionnelle. Relevez le défi et concentrez-vous sur le chemin que vous empruntez.

Il ne faut pas avoir une vie tridimensionnelle, elle vous consume. Il faut savoir s'adapter et être habile pour changer de cap. On ne peut pas toujours s'enfuir, il est temps de faire le grand saut, d'aller plus loin et de se tenir debout.

En matière de santé, il vous conseille de faire une pause et de vous reposer. Vous avez été trop occupé par trop de choses à la fois ou vous avez simplement été trop actif, c'est pourquoi il vous recommande de vous arrêter.

Prenez des vacances bien méritées et faites le plein d'énergie, afin de revenir dans les meilleures dispositions et de poursuivre vos projets, ou d'en entamer de nouveaux.

Couleurs chanceuses

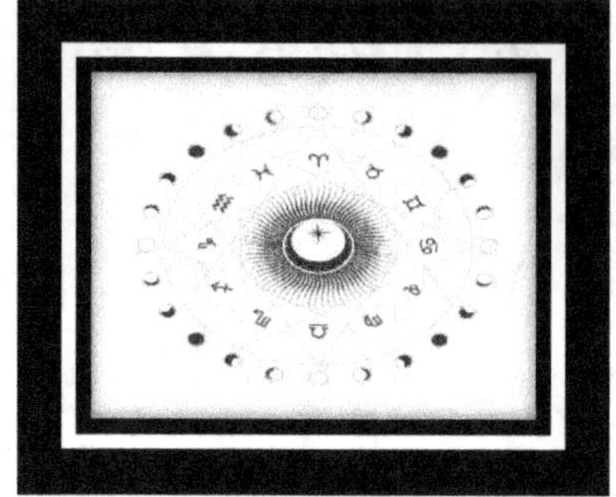

Les couleurs ont un effet psychologique sur nous ; elles influencent notre appréciation des choses, notre opinion sur quelque chose ou quelqu'un, et peuvent être utilisées pour influencer nos décisions.

Les traditions d'accueil de la nouvelle année varient d'un pays à l'autre et, le soir du 31 décembre, nous faisons le point sur toutes les choses positives et négatives que nous avons vécues au cours de l'année qui s'achève. Nous commençons à réfléchir à ce que nous devons faire pour transformer notre chance en une nouvelle année.

Il existe plusieurs façons d'attirer les énergies positives vers nous au moment d'accueillir la nouvelle année, et l'une d'entre elles consiste à porter ou à accessoiriser avec une couleur spécifique qui attire ce que nous souhaitons pour l'année à venir.

Les couleurs ont des charges énergétiques qui influencent notre vie. Il est donc toujours conseillé d'accueillir l'année vêtu d'une couleur qui attire les énergies de ce que l'on souhaite réaliser.

Pour cela, il existe des couleurs qui vibrent positivement avec chaque signe du zodiaque, il est donc recommandé de porter les vêtements avec la teinte qui attirera la prospérité, la santé et l'amour en 2024. (Ces couleurs peuvent également être portées le reste de l'année pour les occasions importantes ou pour agrémenter votre journée).

N'oubliez pas que, bien qu'il soit plus courant de porter des sous-vêtements rouges pour la passion, roses pour l'amour et jaunes ou dorés pour l'abondance, il n'est jamais excessif d'associer à notre tenue la couleur qui convient le mieux à notre signe astrologique.

Couleur porte-bonheur pour Lion

Lion

Rosa

Les mots clés de la couleur rose sont : *innocence, amour, dévouement total et aide aux autres.*

Le rose est une couleur émotionnellement relaxante et influence les sentiments en les rendant doux, tendres et profonds.

Il nous fait ressentir l'affection, l'amour et la protection. Il nous éloigne également de la solitude et fait de nous des personnes sensibles.

Alors que le rouge reflète davantage le côté sexuel, le rose est associé à l'altruisme et à l'amour véritable.

Le rose est la couleur de l'amour universel, de l'amour de soi et des autres, de l'amitié, de l'affection, de l'harmonie, de la paix intérieure.

Utilisez le rose lorsque vous souhaitez encourager une relation, qu'elle soit amicale ou romantique.

Lucky Charmes

Qui ne possède pas une bague porte-bonheur, une chaîne qui ne se détache jamais ou un objet qu'il ne donnerait pour rien au monde ? Nous attribuons

tous un pouvoir particulier à certains objets qui nous appartiennent et ce caractère spécial qu'ils revêtent pour nous en fait des objets magiques.

Pour qu'un talisman agisse et influence les circonstances, son porteur doit avoir foi en lui, ce qui le transformera en un objet prodigieux, capable de faire tout ce qu'on lui demande.

En règle générale, une amulette est un objet qui favorise le bien et constitue une mesure préventive contre le mal, les préjudices, les maladies et la sorcellerie.

Les porte-bonheur peuvent vous aider à avoir une année 2024 bénie à la maison, au travail, avec votre famille, à attirer l'argent et la santé. Pour que les porte-bonheur fonctionnent correctement, vous ne devez pas les prêter à quelqu'un d'autre et vous devez toujours les avoir à portée de main.

Les amulettes ont existé dans toutes les cultures et sont fabriquées à partir d'éléments de la nature qui servent de catalyseurs pour les énergies qui aident à créer les désirs humains.

L'amulette a le pouvoir d'éloigner les maux, les sortilèges, les maladies, les catastrophes ou de contrer les mauvais souhaits lancés à travers les yeux d'autrui.

Amulette pour le Lion

Licorne.

La licorne symbolise l'espoir de guérison et la force que nous recherchons tous. La licorne peut être utilisée pour amplifier vos dons psychiques.

La licorne représente la pureté, l'amour inconditionnel et la magie. Cette créature mythologique est vénérée pour sa force divine et pour être une source d'énergie qui nous permet de nous connecter au monde spirituel. La présence de la licorne dans votre vie vous rappellera que la magie et l'amour sont toujours présents et que vous êtes fort. C'est un animal qui attire la chance et la justice. Symbole de pureté, elle vous protègera et vous gardera de tout mal.

Quartz porte-bonheur

Nous sommes tous attirés par les diamants, les rubis, les émeraudes et les saphirs, qui sont évidemment des pierres précieuses. Les pierres semi-précieuses telles que la cornaline, l'œil de tigre, le quartz blanc et le lapis-lazuli sont également très prisées, car elles sont utilisées comme ornements et symboles de pouvoir depuis des milliers d'années.

Ce que beaucoup ignorent, c'est qu'ils étaient appréciés pour plus que leur beauté : chacun d'entre eux avait une signification sacrée et leurs propriétés curatives étaient aussi importantes que leur valeur ornementale.

Les cristaux ont toujours les mêmes propriétés aujourd'hui, la plupart des gens connaissent les plus populaires comme l'améthyste, la malachite et l'obsidienne, mais de nouveaux cristaux comme le lari Mar, la petalita et la phénacite sont maintenant connus.

Les cristaux se sont formés lors de la création de la terre et ont continué à se métamorphoser au fur et à mesure que la planète changeait. Les cristaux sont l'ADN de la terre, ce sont des entrepôts miniatures contenant le développement de notre planète sur des millions d'années.

Certains ont été pliés sous des pressions extraordinaires, d'autres ont poussé dans des chambres enfouies profondément sous terre, d'autres encore ont coulé. Quelle que soit leur forme, leur structure cristalline peut absorber, conserver, concentrer et émettre de l'énergie.

Au cœur du cristal se trouve l'atome, ses électrons et ses protons. L'atome est dynamique et se compose d'une série de particules qui tournent autour du centre en mouvement constant. Ainsi, bien que le cristal semble immobile, il s'agit en fait d'une masse moléculaire vivante qui vibre à une certaine fréquence et c'est ce qui donne au cristal son énergie.

Les pierres précieuses étaient autrefois une prérogative royale et sacerdotale. Les prêtres du judaïsme portaient un plastron rempli de pierres précieuses qui était bien plus qu'un emblème désignant leur fonction, car il transférait le pouvoir à celui qui le portait.

Les pierres sont portées par les hommes depuis l'âge de pierre car elles ont une fonction protectrice en éloignant divers maux de ceux qui les portent. Les cristaux d'aujourd'hui ont le même pouvoir et nous pouvons choisir nos bijoux non seulement en fonction de leur attrait extérieur, mais aussi en les ayant près de nous pour stimuler notre énergie (cornaline orange), purifier l'espace autour de nous (ambre) ou attirer la richesse (citrine).

Certains cristaux comme le quartz fumé et la tourmaline noire ont la capacité d'absorber la négativité, émettant une énergie pure et propre.

Le port d'une tourmaline noire autour du cou protège des émanations électromagnétiques, y compris celles des téléphones portables. Une citrine n'attirera pas seulement la richesse, mais vous aidera aussi à la conserver, placez-la dans la partie la plus riche de votre maison (le côté arrière gauche, le plus éloigné de la porte d'entrée).

Si vous cherchez l'amour, les cristaux peuvent vous aider, placez un quartz rose dans le coin relation de votre maison (le coin arrière droit le plus éloigné de la porte d'entrée) son effet est si puissant que vous voudrez peut-être ajouter une améthyste pour compenser l'attraction.

Tu peux aussi utiliser la rhodochrosite, l'amour viendra à toi.

Les cristaux peuvent guérir et donner un équilibre, certains cristaux contiennent des minéraux connus pour leurs propriétés thérapeutiques, la malachite a une concentration élevée en cuivre, porter un bracelet en malachite permet au corps d'absorber des quantités minimales de cuivre.

Le lapis-lazuli soulage la migraine, mais si le mal de tête est causé par le stress, l'améthyste, l'ambre ou la turquoise placées au-dessus des sourcils le soulageront.

Le quartz et les minéraux sont des joyaux de la terre mère, donnez-vous la possibilité de vous connecter à la magie qu'ils dégagent.

Quartz chanceux pour Lion 2024

Cornaline

Quartz positif pour ceux qui ont des problèmes de concentration, qui sont mentalement aliénés ou compliqués dans la vie. Il donne du courage et de la protection. Il convient aux personnes mélancoliques.

Elle est utilisée comme talisman dans les maisons et les entreprises pour se protéger du mauvais œil et de l'envie. Elle est liée à l'énergie de l'autorité et de la passion.

Il est recommandé pour la réussite professionnelle, pour rassurer les doutes et pour donner de la clarté mentale lorsqu'une décision professionnelle doit être prise.

Pour ceux qui rencontrent des difficultés à parler en public, la cornaline les aide à avoir le courage *d'affronter cet obstacle. Elle est conseillée à ceux qui ont des problèmes nerveux, car la projection énergétique du quartz aide à trouver le sommeil et à être calme, elle favorise donc le repos physique et mental.*

Léo et la vocation

Le Lion a un excellent sens de l'intégrité. Vous êtes fidèle et avez de nombreuses valeurs personnelles. Vous essayez toujours de prendre des décisions en accord avec ce que vous croyez être juste, sans nuire aux besoins ou aux intérêts des autres.

Il a un cœur noble et apprécie la loyauté par-dessus tout. Il ne supporte pas la trahison, les comportements sournois ou le manque de valeurs. Leur attitude positive et leur travail acharné les poussent à se lancer dans différentes vocations et à exceller dans tout ce qu'ils font.

Les meilleures professions

Leur capacité à assumer des rôles de leadership fait d'eux de bons patrons, ce qui les place sous les feux de la rampe ou dans des positions de pouvoir. Ils sont très sociables et de bonne humeur. Les postes d'autorité, les acteurs, la politique, les sports à haut risque et les présidents.

Compatibilité du Lion et des signes du zodiaque

Symbolisé par le Lion, ce signe ne se laisse pas oublier. Bien que son caractère soit joyeux, il a aussi une dureté féroce qui accompagne ses hurlements. Tout ce que fait le Lion est tragique et lorsqu'il se met en colère, il vaut mieux rester à l'écart. C'est un signe fixe, très ferme dans ses idées, constant dans ses objectifs et obstiné dans sa façon d'agir.

Le Lion est un complice assidu qui met tout son cœur dans chaque relation. Bien sûr, il peut aussi être incroyablement intransigeant, mais l'entêtement est toujours une lueur d'honnêteté.
Le Lion est inspiré par le drame, mais aussi profondément sensible. Le Lion est sans aucun doute le plus émotif de tous les signes de feu, et il est facilement blessé ; votre partenaire devra donc savoir comment prendre soin de ce tendre spécimen.

La loyauté est très importante pour le Lion, donc lorsque vous entrez dans son domaine, il vous demandera un amour absolu. Lorsque ce signe se sent blessé, il est préférable de ne pas lui prodiguer de conseils, le Lion cherche un soulagement, pas des rappels, et se sentira donc trahi par son partenaire si vous commencez à donner votre avis sur n'importe quelle situation.

Il sait depuis l'enfance qu'il est le roi du zodiaque et même le Lion le plus prudent aura une posture royale.

Ce signe ne se lasse jamais de recevoir des applaudissements. Les dîners opulents, les fêtes exclusives et les vêtements de marque lui donnent l'impression d'être aimé. Lorsque vous le recherchez, gardez à l'esprit qu'il n'est pas facile de suivre son rythme. Il est parfois difficile de sortir avec un signe aussi rigoureux. Mais le jeu en vaut la chandelle.

Une fois que vous aurez réservé votre place dans le cœur du Lion, vous ne voudrez certainement pas céder le trône. Le Lion ne s'inquiète pas que son partenaire ait un ego, au contraire, il veut que son partenaire soit vaniteux et très sûr de lui. Le Lion ne recherche pas un égocentrique, mais cette créature intrépide doit s'assurer que son partenaire sait porter la couronne avec dignité.

Le Lion considère son partenaire comme un prolongement de lui-même. Comme ce signe de feu est connu pour son intrépidité dans tous les domaines, de la création à la romance hollywoodienne, il est important qu'il s'associe à quelqu'un qui sait exactement ce qu'il recherche.

En matière de sexualité, l'ardent Lion peut aussi briller au lit. La plus grande excitation sexuelle du Lion est de se sentir désiré. Il est envoûté par la séduction, et son affection doit se manifester par des rendez-vous ostentatoires et des expressions romantiques grandioses. Ce signe hurle à l'idée d'être désiré, surtout lorsque ce désir brûlant se traduit par un amour passionné.

Ce Lion fougueux tombe toujours amoureux, aime que ses histoires d'amour soient aussi grandes que sa personnalité, et rien ne le fait hurler plus fort qu'une adoration inconditionnelle. Il a besoin d'être au centre de l'attention et peut donc être séduit par des histoires d'amour dangereuses.

Lion ne résiste pas facilement aux éloges, il gravite donc autour des compliments. Si le drame se termine prématurément et que Léo est abandonné, c'est une autre histoire. Dans un premier temps, sa réaction est généralement un choc et, après cette phase, il éprouve une angoisse dévastatrice en montrant sa souffrance.

Même si les choses deviennent sérieuses, le Lion est une créature invulnérable qui retrouvera le chemin de la lumière parce que le Lion est joyeux et sans peur, refusant d'accepter l'échec. Le Lion est toujours à la recherche d'un partenaire qui stimulera son esprit car, en fin de compte, il déteste l'ennui.

***Lion et Bélier**, c'est une relation de pur feu où il n'est pas facile de contenir les flammes. Ces signes se nourrissent mutuellement, créant un partenariat enthousiaste basé sur le désir et l'audace. Le Bélier comprend volontiers le charisme dominateur du Lion. Le Bélier, qui a également besoin de beaucoup d'affection, est réconforté par la noblesse et la chaleur* de son camarade le Lion. Bien que les deux signes soient sûrs d'eux, leur générosité se manifeste de manière très inégale. Le Lion a toujours le cœur sur la main, tandis que le Bélier cherche avant tout à triompher. Bien que ces signes puissent donner le meilleur d'eux-mêmes dans une relation, ils doivent aussi contrôler leur ego. Sinon, la relation entre le Lion et le Bélier risque de s'éteindre.

Le Lion et le Taureau sont des individus loyaux et dévoués, mais leur pédanterie et leur entêtement peuvent parfois conduire à des oppositions majeures. Le Taureau n'aime pas la magnificence du Lion, et le Lion se retrouve à rouspéter contre l'obstination du taureau.

En tant que couple, le Lion et le Taureau devraient vérifier que leurs motivations ne sont pas trop matérialistes, mais adopter une attitude plus détachée qui soutient un partenariat égalitaire. Après tout, le Lion et le Taureau ont beaucoup en commun, ils aiment tous les deux les bonnes choses de la vie. Si tous deux se concentrent sur leurs similitudes plutôt que sur leurs différences, ils vivront une relation divertissante.

La relation entre le **Lion et le Gémeaux est d'**abord sexy et audacieuse. Le Lion a besoin de se sentir comme un roi, et d'une manière ou d'une autre, le

Gémeaux ont toujours des relations avec les endroits les plus importants de la ville. Cependant, en fin de compte, le Lion veut être au chaud avec un partenaire loyal. Malheureusement, le Gémeaux peuvent ne pas être en mesure d'exercer ce rôle, car il souhaite continuer à faire la fête. Dans cette relation, les deux doivent apprendre à s'adapter aux besoins de l'autre. Le Lion doit compter sur la cordialité perpétuelle des Gémeaux, et les Gémeaux doivent révérer la fidélité émotionnelle du Lion. Lorsque ces deux signes sont sur la même longueur d'onde, ce couple est efficace, folâtre et très amusant.

***Léo et Cancer, ce** n'est pas une relation confortable. Le Lion est accablé par l'humeur changeante du Cancer, et le Cancer est agacé par les excès de dramatisation du Lion. Si ces deux-là sont déterminés à faire fonctionner leur relation, ils devront s'unir autour de leurs valeurs communes telles que la loyauté, la famille et l'honnêteté. Le Lion et le Cancer sont également susceptibles de s'élever l'un l'autre, en s'aidant mutuellement à atteindre leur plein potentiel par le biais de l'amitié. Pour qu'il n'y ait pas de conflit, ce couple doit parvenir à un accord et en respecter les termes.*

***Lion et Lion, le** couple le plus majestueux du zodiaque. Le Lion aime célébrer sa luminosité, c'est pourquoi lorsque deux Lions s'unissent, ils passent en* *fait la majeure partie de leur relation à parler de leur amour. Cette combinaison est une combinaison précipitée qui sera pleine de sourires, de noblesse et de beaucoup d'idolâtrie. Mais aucun règne n'est parfait, et comme le Lion a un ego plutôt exagéré, il faut s'attendre à des oppositions. Qu'ils se battent pour les feux de la rampe, le téléphone ou les louanges, leur besoin mutuel d'éloges peut mettre la pression sur la relation. Cependant, le Lion peut se calmer, donc pour que cette relation fonctionne, chacun doit souvent caresser les cheveux de l'autre et réserver du temps pour la passion.*

***Lion et Vierge**, Bien qu'il s'agisse d'un couple improbable en principe, le Lion fougueux et la Vierge idéaliste peuvent tirer des qualités positives l'un de l'autre. Chaque signe doit être conscient que cette relation exigera beaucoup de compréhension, de tolérance et, peut-être plus important encore, d'intégrité et de loyauté. Au début, la Vierge admire l'excentricité et la subtilité sociale du Lion. Le Lion se laisse aller à cette idolâtrie, jusqu'à ce que l'éclat commence à se dissiper. La Vierge a l'habitude d'idéaliser, mais comme rien n'est absolument parfait, ce signe de terre peut rapidement déchanter. Pour que cette association fonctionne, il est important que chaque signe s'assure que la relation est établie pour la bonne raison, en veillant à ce que la relation ne soit pas motivée par l'ego.*

Le Lion et la Balance forment une relation efficace, lorsqu'ensemble, le généreux Lion et l'exquise Balance apportent leurs meilleurs attributs à la relation. Ensemble, ils sont extrêmement sociables et incomparablement amusants, des attributs qui sont stabilisés par le don de la Balance. Cependant, comme la Balance aime maintenir la paix, elle a tendance à être plutôt hésitante. Le Lion exige une loyauté courageuse, de sorte que la préoccupation de la Balance peut être frustrante. La Balance peut se sentir un peu étouffée par la possessivité du Lion. Cependant, s'ils parviennent à concilier leurs différences, le Lion et la Balance se sentiront bien.

Lion et Scorpion, bien que l'énergie du feu puisse parfois se sentir limitée par l'eau, cette relation est une combinaison puissante. Tous deux sont des signes fixes, ils ont des croyances fortes et des opinions bien arrêtées. Par conséquent, il existe une tension évidente entre ces deux signes, ce qui peut conduire à quelques disputes et, peut-être plus important encore, à des relations sexuelles de premier ordre. Le Lion est particulièrement séduit par la nature mystérieuse du Scorpion, tandis que le Scorpion est stimulé par le Lion. Cependant, ces deux-là doivent se donner le temps d'établir une intimité. Le Lion et le Scorpion ayant des manières si différentes de se glisser dans le monde, chacun doit apprendre à percevoir les nuances de l'autre. Une fois la confiance établie, ni le Lion ni le Scorpion ne voudront se séparer.

Le Lion et le Sagittaire forment une relation efficace. Le Lion a une flamme ardente, mais retenue, n'ayant besoin que d'un public. Le Sagittaire, quant à lui, ne connaît aucune limite. Par conséquent, le Lion a tendance à se tourner vers ce signe admiratif. Le Sagittaire apprécie également la brillance du Lion, bien que dans cette relation, il s'efforce toujours de conserver sa liberté. Un couple Lion-Sagittaire peut passer des heures à parler, à rire et à s'envoûter l'un l'autre avec des histoires dynamiques et des plaisanteries pleines d'esprit.

Le Lion et le Capricorne sont des créatures différentes. Le Capricorne est sérieux et se concentre sur les bénéfices à long terme, tandis que le Lion est motivé par la célébrité et la fortune. Cependant, comme par magie, le Lion et le Capricorne forment un excellent couple romantique. Les deux signes sont très insatiables et, bien que leurs techniques soient différentes, ils se respectent l'un l'autre et toute dispute qui surviendrait serait circonstancielle. Lorsqu'ils travaillent ensemble, le Lion et le Capricorne peuvent réaliser de grandes choses. Le Capricorne enseigne au Lion la capacité d'abstraction, et le Lion enseigne au Capricorne l'art de s'amuser. S'ils s'investissent pleinement dans leur relation, ils en récolteront les fruits.

Le Lion et le Verseau, deux signes opposés, forment une paire intéressante. Alors que le Lion symbolise le dirigeant, le Verseau représente l'humanité. Lorsqu'ils sont associés, ils peuvent créer un système de contrôle et d'équilibre l'un pour l'autre, motivé par la justice et la pensée progressiste. Cette relation existe dans un domaine magnifique et abondant, mais il arrive que le Verseau considère le Lion comme égoïste.
Dans cette relation, les deux doivent s'efforcer de comprendre le point de vue de l'autre. Pour y parvenir, le Lion doit réfréner son ego et le Verseau doit élever sa compassion. Cette relation a un potentiel incroyable, c'est pourquoi un compromis sain sera certainement récompensé.

Lion et Poissons, c'est une excellente relation. Le Lion est le plus heureux lorsqu'il peut émettre librement sa lumière tropicale rayonnante. Les Poissons sont liés à la mer, et tout comme l'océan reflète la lumière du Soleil au loin, les Poissons sont heureux d'accueillir, et même de renforcer, la luminosité vibrante du Lion. Bien que cette relation puisse être efficace et séduisante, il est important que le Lion majestueux ne soit pas englouti par l'extrême sensibilité du Poisson.

Pour que la relation soit heureuse, les deux personnes doivent s'engager à embrasser les qualités les plus fortes de l'autre, en applaudissant leurs différences avec une appréciation bienveillante et un respect sincère.

Enseignes avec lesquelles ne pas faire affaire

Taureau, Gémeaux et Scorpion, les liens entre ces signes sont faibles aux différences.

Signes à associer à

Capricorne, Balance et Poissons. Ces signes ont un sens pratique et savent comment investir de l'argent. Ils sont responsables et sérieux. Ils savent comment investir dans les affaires.

Rituels pour l'argent

Sort pour obtenir un emploi.

Vous avez besoin de :

- 1 bougie blanche

- *1 bougie combinée jaune et noire*

- *1 sachet de tissu rouge*

- *1 ruban jaune*

- *2 feuilles de papier jaune*

- *Gelée d'abeilles*

- *Rue*

- *Charbon*

- *1 quartz citrine*

- *1 parfum ou lavande*

- *Nouvelle aiguille à coudre*

- *Nouvelle grande plaque de verre*

Vous écrivez votre nom complet sur la bougie blanche, à l'aide de la nouvelle aiguille, que vous enterrerez ensuite dans la cour de votre maison. Allumez la bougie blanche.

Ensuite, sur l'une des feuilles de papier jaune, vous écrivez la demande du nouvel emploi, en incluant des détails spécifiques tels que l'argent que vous voulez gagner et le poste que vous voulez occuper ; étalez la gelée d'abeille sur cette feuille, pliez-la en quatre et placez-la sur la nouvelle assiette.

Mentalisez votre demande et répétez-la tout au long du rituel. A côté de l'assiette, vous placez le sachet contenant la rue que vous utiliserez pour l'encens, quelques gouttes de parfum et le quartz citrine.

Ensuite, on allume le charbon de bois et on ajoute la rue par-dessus. On commence l'encens par le point le plus éloigné de la porte d'entrée, c'est-à-dire de l'arrière vers l'avant, puis on le laisse s'éteindre de lui-même, près du rituel.

Sur l'autre papier jaune, on écrit le nom complet de la personne. Avec ce papier, on enveloppe la bougie bicolore, on l'allume et on la place près de l'assiette, du petit sac servant de talisman et du flacon de parfum (toujours ouvert), puis on répète trois fois : "Ici et maintenant, tous mes vœux sont exaucés pour mon progrès personnel et celui de ma famille". Placez la citrine à l'intérieur du sachet et fermez-le avec le ruban jaune. Lorsque la bougie se consume, le sachet sert d'amulette.

Sort pour obtenir un meilleur emploi.

Vous avez besoin de :

- 1 bougie combinée jaune et rouge.

- 1 bougie rouge

- 1 bougie noire

- 7 bougies jaunes

- 1 cartouche de papier

- Miel

- Le charbon ;

- Encens d'eucalyptus

- 3 feuilles de rue

- 3 feuilles de menthe

- 1 flacon de parfum

- 1 nouveau plateau métallique

- 1 nouvelle aiguille à coudre

Vous écrivez votre nom complet sur la bougie bicolore avec l'aiguille. Sur la bougie noire, le nom de l'entreprise.

Sur la bougie verte, l'emploi auquel vous aspirez et sur la bougie rouge, votre nom complet.

Sur le papier cartouche, vous devez préciser l'emploi auquel vous souhaitez postuler ou l'entreprise dans laquelle vous travaillez.

Ce papier doit être enduit de miel, plié en quatre et placé sur le plateau.

Sur les sept bougies jaunes, vous écrivez avec l'aiguille le travail que vous souhaitez.

Lorsque tout est prêt, allumez le charbon de bois et placez-y les feuilles de rue et de menthe, avec quelques gouttes du parfum choisi.

Laissez-la brûler pendant que vous allumez la bougie bicolore et placez-la à côté de la bougie avec le papier (celle que vous avez enduite de miel).

Allumez toutes les bougies suivantes avec la même flamme : la bougie noire sur le côté gauche du plateau, la bougie verte sur le côté droit et la bougie rouge au centre.

Les restes peuvent être jetés à la poubelle.

La formule magique pour réussir les entretiens d'embauche.

Placez trois feuilles de sauge, de basilic, de persil et de rue dans un sac vert. Ajoutez un quartz œil de tigre et une malachite. Fermez le sac avec un ruban doré. Pour l'activer, vous le mettez dans votre main gauche au niveau de votre cœur, puis quelques centimètres au-dessus vous mettez votre main droite, fermez les yeux et imaginez une énergie blanche sortant de votre main droite vers votre main gauche recouvrant le sachet. Vous le gardez dans votre sac à main ou votre poche.

Nettoyer pour obtenir des clients.

Broyer dix noisettes décortiquées et un brin de persil dans un mortier et un pilon. Faire bouillir deux litres d'eau de la Pleine Lune et y ajouter les ingrédients broyés. Laissez bouillir pendant 10 minutes et filtrez. Avec cette infusion, vous nettoierez le sol de votre entreprise, de la porte d'entrée jusqu'au fond. Répétez ce nettoyage tous les lundis et jeudis pendant un mois, si possible au moment de la planète Mercure.

Sort pour créer un bouclier économique pour votre entreprise.

Vous avez besoin de :

- 5 pétales de fleurs jaunes

- Graines de tournesol

- Écorce de citron séchée au soleil

- Farine de blé

- 3 pièces de monnaie couramment utilisées

Broyer les fleurs jaunes et les graines de tournesol dans un mortier et un pilon, puis ajouter le zeste de citron et la farine de blé.

Mélangez bien les ingrédients et conservez-les avec les trois pièces dans un bocal hermétiquement fermé.

Cette préparation doit être utilisée tous les matins avant de quitter la maison. Il faut mettre le bout des cinq doigts de la main gauche dans le flacon, puis celui de la main droite, et enfin frotter la paume de la main.

Rituel pour éviter de perdre son emploi.

Vous avez besoin de :

- 1 gros clou rouillé

- 1 petite tasse de bonbons à la goyave

- 1 petit sac en plastique

- 1 sachet de tissu jaune

- 1 bougie orange

- 1 bougie violette

- 3 feuilles de laurier

- 1 aiguille et du fil

Placez la bougie orange et la bougie violette sur le bord d'une fenêtre, et placez entre elles la coupe de bonbons à la goyave. Allumez les bougies. Insérez le clou dans le bonbon de façon qu'il ne soit pas visible. Pendant que vous faites cela, répétez dans votre esprit : "Je suis une personne qui mérite ce travail, les guides spirituels protègent mon travail, mon argent et mes énergies". Le lendemain, tu sors le clou de girofle et, sans le nettoyer, tu le mets dans le sac en plastique, puis dans le sac jaune avec les trois feuilles de laurier. Tu dois placer ce sac dans le lieu où tu travailles.

Rituel pour faire une excellente impression le premier jour de travail.

Vous avez besoin de :

- 2 clous de 5 cm (neufs)

- 1 morceau de ruban violet

- 1 morceau de ruban adhésif blanc

- 1 bougie violette

- 1 bougie blanche

Il est plus efficace si vous le faites un mercredi à l'heure de la planète Mercure.

Avec l'un des clous, tu écris le nom de l'entreprise où tu vas travailler sur la bougie violette, puis tu laisses le clou à côté de la bougie violette. Ensuite, tu écris ton nom sur la bougie blanche avec l'autre clou. Prenez le clou avec lequel vous avez écrit sur la bougie violette et enfouissez-le au milieu de la bougie, tout en répétant dans votre esprit "Lorsque ce clou atteindra le cœur de la bougie, mon aura enveloppera mes patrons et mes collègues de travail" (chauffez d'abord le clou pour faciliter cette opération). Enfoncez immédiatement l'autre clou dans la bougie blanche et répétez dans votre esprit "Mon ange gardien me protège et me guide vers le succès". Allumez les bougies et lorsqu'elles sont consumées, ramassez les deux clous et attachez-les avec les rubans.

Vous devriez les conserver dans votre bureau.

Recette magique pour augmenter la fortune

Vous avez besoin de :

- 1 rose de Jéricho

- Eau fleurie

- Vert lavande

- Quartz citrine

- Quartz œil de tigre

- Eau de la pleine lune

Placez les essences dans un récipient en verre avec l'eau de la Pleine Lune.

Ensuite, vous placez le quartz et la rose de Jéricho. Vous devriez placer ce récipient comme ornement dans votre entreprise ou votre bureau.

Sort pour l'abondance dans votre travail.

Vous avez besoin de :

- 7 récipients en terre cuite

- Miel d'abeille vierge

- Feuilles de menthe

Mélangez le miel et les feuilles de menthe, répartissez le contenu dans les pots en terre cuite et placez-les dans votre maison ou votre bureau.

Vous devez lancer ce sort le premier jour du mois à l'heure de la planète Jupiter.

Pour renforcer ce rituel, lorsque vous distribuez les récipients, répétez à haute voix : "J'adoucis ma vie, ma maison et mon bureau et j'invoque les quatre éléments pour qu'ils m'apportent succès et argent, ici et maintenant, en parfaite harmonie et pour le bien de tous".

Les meilleurs pays et villes où vivre

Pays : *France, Italie, République de Macédoine, États-Unis et Roumanie.*

Villes *: Bohème, Sicile, Rome, Ravenne, Bath, Bristol, Taunton, Prague, Damas, Bassorah, Pouilles, Philadelphie, Los Angeles, Chicago et Bombay.*

Encens et huiles essentielles pour l'argent

Huile essentielle d'encens et de citron : possède des propriétés mystiques, soulage le stress et attire la joie.

Des plantes pour de l'argent

Menthe poivrée *: La menthe poivrée a toujours été connue pour ses propriétés médicinales, mais le simple fait de l'avoir dans la maison aidé à éliminer les mauvaises ondes et à attirer la prospérité économique.*

Le quartz pour l'argent

Turquoise : *C'est un quartz qui attire la chance et l'argent. Les énergies de protection et d'abondance qu'il dégage protègent la stabilité économique.*

Charmes d'argent

Les Pentacles de Jupiter qui vous garantissent la prospérité.

Les pentacles sont des figures magiques, capables de transmettre des énergies positives à leur entourage. L'action des pentacles de Jupiter découle de la combinaison de lettres, de signes et de formules bénéfiques ; ils symbolisent un souhait de manière graphique et mystique. Ils agissent clairement sur le psychisme des personnes qui ont un contact visuel avec lui.

La plus grande compilation de pentacles se trouve dans les Clavicules du roi Salomon, un volume de haute magie attribué à ce roi biblique. Il contient 36 pentacles aux fonctions diverses, dont les sept pentacles de Jupiter.

Les pentacles pour prospérer.

Le but de ces pentacles est d'apporter l'abondance, de résoudre les conflits liés au travail et d'aider à recevoir plus directement toutes sortes d'avantages qui garantissent une plus grande prospérité.

Jupiter, appelé le Grand Bénéfique en astrologie, est une planète liée à l'expansion, à l'optimisme, aux liens avec des personnes puissantes et à la capacité de faire fortune. Vous devez les dessiner avec une grande concentration et avec l'intention qu'ils manifestent votre volonté. Le matériau le plus approprié est un morceau de parchemin. Une fois terminés, ils doivent être accrochés dans un endroit visible, comme la caisse enregistreuse ou dans votre portefeuille (vous pouvez les imprimer).

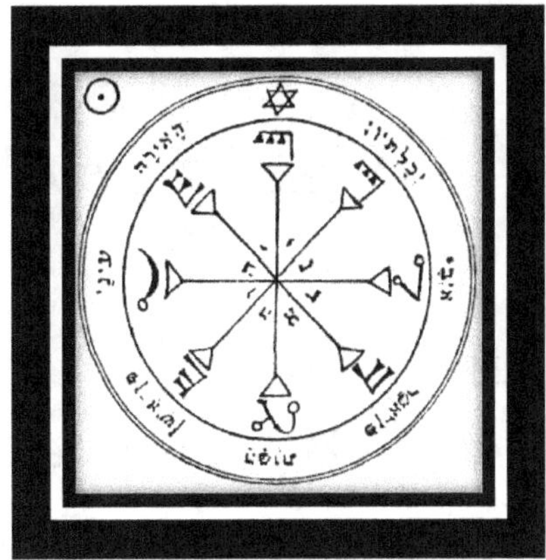

Affirmations pour recevoir de l'argent

Ces décrets doivent être appliqués pendant 21 jours pour que vous puissiez en voir les résultats, si possible trois fois par jour. Si vous les répétez à haute voix, ils seront plus puissants.

> *Je suis l'amour infini, source de richesse, d'abondance, de prospérité*
>
> *Je suis l'abondance parfaite et la richesse divine.*
>
> *Je suis prospère dans mes affaires et mes finances.*
>
> *Je suis la sagesse divine qui façonne intelligemment toute existence. Je marche en toute sécurité dans l'abondance. Je me vois dans la prospérité.*

Les fêtes de fin d'année

Les vacances ont des effets bénéfiques sur le plan physique et mental. Il a été démontré que les vacances réduisent le niveau de stress et sont bénéfiques pour le système immunitaire. Parfois, l'organisation des vacances est une source de stress, car les options sont innombrables et le choix devient chimérique.

L'utilisation de l'astrologie et la compréhension de votre personnalité permettent de déterminer le lieu de vacances idéal pour vous.

__Bélier__, un centre de villégiature tout compris avec des activités sportives en plein air dans un endroit chaud comme Punta Cana, Cancun et les îles Turks et Caicos serait idéal. L'Australie est un pays passionnant qui regorge de sensations fortes.

__Taureau__, un séjour dans un luxueux complexe hôtelier sur l'île des Caïmans, ou des vacances luxueuses à Dubaï, dans un hôtel doté de tout le confort, vous séduiront. L'Italie est un pays parfait, car vous y trouverez tout ce dont vous avez toujours rêvé : l'amour, le charme, le luxe, une cuisine merveilleuse et des vins de première qualité.

Le Gémeaux aime se sentir intellectuellement engagé. Les excursions guidées telles qu'un safari en Afrique ou la recherche des espèces des îles Galapagos offrent au communicateur zodiacal une expérience luxueuse.

Le cancer, les voyages courts, entourés de la famille et des amis. Disney World, avec ses attractions et ses plats variés, est une option. À Orlando, en Floride, on trouve de nombreux hôtels et centres de villégiature fantastiques, chacun ayant un thème unique et fascinant.

Lion, séjourner dans un bungalow sur la mer à Tahiti est fantastique pour ce signe. Une autre alternative de luxe, que le Lion adore, serait de louer une île tropicale privée aux Maldives, aux Fidji ou aux Îles Vierges.

Vierge, l'Italie est votre meilleur atout. Ce pays vous tiendra bien occupé. En tant que signe de terre, vous êtes en contact avec le monde qui vous entoure. Des endroits comme La Romana en République dominicaine, Puerto Vejo au Costa Rica et Belo Horizonte au Brésil vous insuffleront de la vie.

Balance, *optez pour les villes dotées de musées. Les vacances sous les tropiques ne seront pas aussi satisfaisantes pour la Balance que la visite du Louvre à Paris, du musée de l'Acropole à Athènes, en Grèce, du musée du Prado à Madrid, en Espagne, ou de la Galerie des Offices à Florence, en Italie.*

Scorpion, *passez quelques jours sur une plage isolée avec de l'alcool et des massages. En Grèce, à Bali, à Saint-Martin ou à Hawaï, vous trouverez tous ces luxes. La visite de sites patrimoniaux à proximité de votre hôtel de luxe serait une combinaison extraordinaire de vacances tropicales et culturelles. Mykonos et Roda en Grèce sont des destinations parfaites.*

Sagittaire, *explorez le Camino de Santiago, un réseau de chemins très différents qui mènent tous à la ville de Saint-Jacques-de-Compostelle. Chaque chemin a sa propre histoire, son propre patrimoine et sa propre magie. Le Sagittaire est un voyageur qui a soif de nouvelles expériences. En Irlande, vous trouverez tout ce que vous cherchez.*

Le Capricorne, *un signe orienté vers les objectifs. Des vacances où vous pourrez nouer de nouvelles relations* d'affaires. La Chine serait spectaculaire. Le Capricorne a un sens de la valeur historique que les autres signes n'ont pas. Des pays comme Israël et l'Égypte, où l'histoire est bien vivante, vous feront vous sentir chez vous.

Le Verseau aime les nouvelles idées, les nouveaux lieux et les nouvelles relations. Un pays fantastique à visiter serait le Japon, non seulement pour son histoire et sa culture fascinantes, mais aussi parce que chacune de ses régions à quelque chose de différent à offrir.

Les Poissons, signe d'eau, sont heureux de passer des vacances tropicales. Un hôtel en bord de mer serait idéal. L'île "La Dique" dans la République des Seychelles, peut-être la plus belle plage du monde, sera un succès assuré. Les Poissons ont une vision calme de la vie, et le fait d'être gouverné par Neptune fait d'eux des penseurs créatifs. La Suède est un pays qu'il devrait visiter car il y trouvera une culture aussi innovante que la sienne.

Qui est votre âme sœur selon votre signe du zodiaque ?

Lorsque nous entendons le terme "âme sœur", nous pensons généralement qu'il s'agit d'un partenaire, c'est-à-dire d'une personne avec laquelle nous avons un lien sentimental et sexuel fort. Cependant, les âmes sœurs légitimes n'ont pas toujours ce type de relation et ne sont souvent même pas intéressées par l'aspect sexuel d'une relation.

Votre âme sœur peut être non seulement votre partenaire, mais aussi votre parent, votre ami, votre enfant, votre grand-parent, votre patron ou votre sœur.

D'un point de vue astrologique, et en gardant à l'esprit que les leçons que nous devons apprendre avant d'atteindre le niveau spirituel suivant sont celles qui définissent le type de relations affectives que nous devons développer dans la vie d'aujourd'hui, nous pouvons dire que le Cancer et les Poissons sont les âmes sœurs du Bélier.

Avec le Cancer et les Poissons, le Bélier peut non seulement mieux se concentrer et résoudre les conflits sans violence, mais aussi développer l'empathie, c'est-à-dire la capacité de se mettre à la place de l'autre et d'apprendre à partager.

Ces deux signes n'aiment pas les conflits, et si un conflit survient, ils préfèrent le dialogue à tout épisode de brutalité.

Le Bélier peut apprendre au Cancer et au Poisson à ne pas avoir besoin de l'approbation des autres, à prendre plus de risques et à ne pas essayer de plaire à tout le monde, c'est-à-dire à s'affirmer davantage.

Le Taureau sensuel, ennemi du changement, familier de l'inertie, a pour âme sœur le Sagittaire et le Gémeaux, deux signes qui savent que la vie est un voyage fascinant, mais pas statique.

Ils peuvent apprendre au Taureau qu'il n'a pas à rester là où il ne doit plus être par peur de l'incertitude, et qu'il y aura toujours certaines situations ou circonstances qui se produiront sans que nous nous y attendions, et sans que nous ayons le pouvoir de les changer. Le Taureau a également beaucoup à apprendre à ces signes.

Leçons de volonté, d'engagement envers les autres, d'engagement dans ce qu'ils font et de persévérance jusqu'au bout, sans hâte ni lenteur. Avoir des principes et être prudent.

Le Lion peut équilibrer beaucoup de karma avec ses âmes sœurs appartenant à la Balance et au Verseau.

Un Lion peut s'entêter sur une idée ou une croyance erronée par vanité ; la Balance et le Verseau savent que derrière une personne égocentrique se cache une faible estime de soi.

 La Balance apprendra au Lion l'équanimité et la tolérance, à utiliser le raisonnement et la diplomatie pour maintenir une communication harmonieuse. Le Verseau, signe opposé au Lion, doté d'un jugement objectif et juste car il n'est jamais influencé par les préjugés, apprendra au Lion à voir dans le cœur des gens, à offrir son épaule et à prononcer des paroles compatissantes en cas de besoin.

Le Lion n'hésite jamais à prendre des décisions, et s'il le fait, il ne le montre pas, ce que la Balance devrait pratiquer.

 La fidélité est une caractéristique du Lion, inconnue du Verseau, et les petits Lions peuvent lui donner des leçons de morale.

Les Vierges, connues comme perfectionnistes en raison de leur immense peur de l'échec, ont pour âmes sœurs le Scorpion et le Capricorne. Les Vierges aiment être rigoureuses dans leurs décisions et ont un prototype dans presque tous les aspects de leur vie. Cette sélectivité les empêche de suivre le mouvement de la vie.

La Vierge démolira littéralement un projet entier si elle estime qu'il n'était pas parfait au départ, ce qu'un Capricorne ne ferait jamais car sa vision lui permet de voir que des mesures alternatives peuvent toujours *être prises, sans qu'il soit nécessaire de tout recommencer.*

Le Capricorne est un signe qui se sent en sécurité dans son propre espace, il ne prend pas de décisions insignifiantes, comme le fait parfois la Vierge.

Le Scorpion est capable d'atténuer le pire et d'améliorer le meilleur de la Vierge. Le Scorpion et la Vierge ont une approche pratique de la vie, mais le Scorpion aime beaucoup plus la vie que la Vierge. Le Scorpion apportera l'esprit de décision qui manque à la Vierge, et la Vierge apportera le contrôle et la rationalité au Scorpion passionné.

La Vierge rendra le Capricorne plus agréable et plus enjoué à vos côtés, vous isolant du sérieux excessif que vous affichez souvent sur votre visage.

La folie

Tout au long de l'histoire, la folie s'est révélée comme une vérité obscure, énigmatique et contradictoire. Elle nous a effrayés, nous l'avons ignorée, voire acceptée, et en conséquence, les personnes censées en souffrir ont été écartées, éliminées, mais aussi honorées.

Tout comportement incongru par rapport à notre raisonnement n'est pas nécessairement un acte de folie, mais une façon différente de procéder.

Si nous nous sentons affectés ou agacés par les actions ou les folies des autres, nous avons tort de les bannir, car cela ne nous rend pas plus raisonnables, plus équilibrés ou plus parfaits, mais nous rend tout aussi fous.

La définition de la folie est aussi complexe que celle de la santé mentale, mais tous les signes du zodiaque ont leur degré de folie.

__Cancer__ : Ils sont capricieux. Cela leur donne une personnalité incompréhensible vue de l'extérieur. Ils ont gagné leur popularité en tant que fous à cause de leur caractère incohérent qui perturbe parfois les gens autour d'eux.

Scorpion : Ils ont besoin de changement pour être heureux, ils sont capables de faire des choses folles juste pour générer de l'action. Pour eux, il est normal d'avoir un accès de colère car ils sont accros au changement et à la frénésie.

Poissons : Il leur est impossible de ne pas vous contaminer avec leur folie. Leur instabilité et leur déséquilibre dérangent leur entourage. Ils voient tout en rose, ce qui fait que les gens les traitent de fous parce qu'ils flottent toujours sur un nuage.

Gémeaux : Vous êtes célèbre pour votre dualité. Ils sont parfois en conflit avec eux-mêmes. Ils aiment les défis qui impliquent le danger. Ils aiment organiser des aventures impromptues et sont toujours prêts à repousser les limites de la folie ultime.

Lion : Lorsque le feu s'installe dans leur tête, ils pensent que tout ce qui entoure leur vie est plus urgent que tout le reste. Ils sont extravagants et ont des attitudes qui, pour d'autres, sont considérées comme folles. Ils sont capables de faire des choses qu'une personne raisonnable ne ferait jamais.

Bélier : *Ils se contrarient eux-mêmes et contrarient leur entourage. Ils sont têtus et aiment être les premiers en tout, même s'ils doivent faire des folies. Ils ne savent pas comment se reprendre, ce qui les conduit à des actes irrationnels.*

Verseau : *Un signe rebelle et libre, qui ne se soucie pas le moins du monde de l'opinion qu'on a de lui. Ils agissent de manière capricieuse, avec des attitudes folles, qui bouleversent les paradigmes.*

Sagittaire : *Vous êtes amusant, mais violent dans votre désir d'action. Ils ne savent pas mesurer les conséquences de leurs actes, ce que beaucoup considèrent comme de la folie. Il n'est pas rare de les voir totalement débridés et irresponsables.*

Balance : Ils aspirent *au bonheur et à l'harmonie, et pour les obtenir, ils sont prêts à faire n'importe quoi. Elles sont instables, ce qui les amène à rompre leurs engagements, ce que beaucoup considèrent comme de la folie.*

Vierge : Ils vont à l'*extrême et deviennent obsessionnels. Ils ont une vision de ce qu'ils veulent écrite dans la pierre, personne ne peut les conseiller,* ils ne se laissent pas guider. Lorsqu'elles n'écoutent pas, elles commettent diverses folies.

Taureau : Lorsqu'une idée germe dans leur esprit, ils ne peuvent la chasser, allant même jusqu'à commettre des folies pour corroborer leur hypothèse. Essayez de mettre leur patience à l'épreuve et vous découvrirez à quel point ils sont fous.

Capricorne : Il n'oublie absolument rien, il ne pardonne pas et encore moins, il oublie, si vous lui faites quelque chose de mal, ne vous inquiétez pas parce qu'il vous le rappellera pour le reste de votre vie jusqu'à ce qu'il vous rende complètement fou. Le Capricorne est follement obsédé par le contrôle.

La psychologie derrière la loterie.

Les jeux de loterie sont très populaires dans le monde entier.

Nous avons tous le rêve impossible de gagner à la loterie, car l'illusion d'être millionnaire par un coup de chance, même si les chances sont minimes, est la principale raison pour laquelle les gens jouent.

Les joueurs perçoivent que le coût du billet de loterie est minuscule par rapport aux gains qu'ils obtiendraient s'ils gagnaient. Nous percevons toujours le risque de manière émotionnelle, et s'il nous procure du plaisir, nous avons tendance à le considérer comme insignifiant et à neutraliser l'émotion du danger, en nous concentrant uniquement sur les avantages.

Les joueurs voient dans la loterie une occasion unique de gagner des prix en investissant peu d'argent et en s'exposant peu au risque.

Les jeux ont des aspects traditionnels et superstitieux. Certaines personnes jouent toujours les mêmes numéros parce qu'ils sont leurs préférés, qu'elles les associent à une date importante ou qu'elles en ont rêvé.

D'autres jouent à une heure, un jour ou un lieu précis. Lorsque nous pensons avoir le contrôle, nous nous sentons confiants, car en choisissant nous-mêmes les numéros, plutôt qu'en jouant au hasard, bien que les chances de toucher soient les mêmes, nous avons l'impression de contrôler le destin, et que les chances sont en notre faveur.

Dans ce cas, la loterie transcende le coût économique et devient un divertissement qui s'anime lorsqu'ils imaginent ce qu'ils pourraient faire avec l'argent qu'ils obtiendraient.

Il existe cinq descriptions psychologiques des joueurs de loterie :

L'aventurier, *envoûté par les jeux impliquant de grosses sommes d'argent, spéculant sur des nombres aléatoires, mais aussi sur des nombres planifiés.*

Le compétiteur, *qui tient à s'illustrer par des jeux d'argent qu'il mise pour gagner.*

L'avide, *qui n'a pas de limites pour jouer et qui ne craint pas de prendre des risques lorsqu'il joue.*

Le tacticien, *qui ne joue jamais au hasard, recherche des tactiques, des stratégies et des ensembles numériques lorsqu'il joue les numéros.*

La personne superstitieuse, *qui joue toujours les mêmes combinaisons de numéros, utilise des* *talismans, des rituels, ou achète ses billets à une date et à un endroit précis.*

Existe-t-il un truc ou une formule pour gagner à la loterie ?

Cette question est toujours sans réponse. Nombreux sont ceux qui affirment que l'on a plus de chances d'être frappé par la foudre que de gagner à la loterie. D'autres encore étudient les probabilités avec beaucoup de persévérance et de subtilité.

Jouer à la loterie, ou à tout autre jeu de hasard s'il est pratiqué avec modération, est un moyen peu coûteux d'acheter des illusions et de la confiance en l'avenir. Les choses se compliquent lorsque la personne ne contrôle pas ses pulsions de jeu, ce qui génère une dépendance au jeu et la fait basculer dans le jeu pathologique.

Un joueur est un individu dont le jeu cause de grandes difficultés au travail et dans ses relations familiales, car les pertes l'incitent à jouer de plus grandes sommes d'argent dans l'espoir de récupérer l'argent perdu. Il s'agit d'un cercle vicieux qui ne peut être résolu que par un traitement psychothérapeutique.

Les meilleurs cadeaux pour les signes du zodiaque

Offrir un cadeau est un moyen universel de montrer que l'on tient à quelqu'un et qu'on l'apprécie, mais l'achat d'un cadeau peut être un défi - pour certains, un véritable casse-tête.

Les planètes peuvent vous aider une fois, en connaissant le signe du zodiaque de la personne, vous pouvez être en mesure d'offrir le cadeau idéal.

Les signes de feu : le Bélier, le Lion et le Sagittaire *aiment les cadeaux qui leur donnent l'impression d'être importants, qui sont liés au sport, aux voyages et à la technologie.*

Un appareil photo numérique professionnel, le dernier modèle d'I Phone, un billet d'avion avec hôtel inclus pour un lieu touristique exotique ou historique, des livres d'affaires, des vêtements de sport ou du matériel d'exercice, des billets de loterie, des bouteilles de bon vin et des chaussures de marque exclusives plairont beaucoup à ces enseignes.

Le Taureau, la Vierge et le Capricorne*, qui appartiennent à l'élément terre, sont parfois traditionnels, mais cela ne signifie pas qu'ils n'aiment pas les cadeaux de marque.*

Un tableau d'un peintre célèbre, une ceinture ou un porte-documents pour transporter leurs documents de travail, un portefeuille avec leurs initiales, des parfums de marque, des massages ou des soins corporels, un animal de compagnie, des peignoirs, des pyjamas douillets ou même des diffuseurs d'aromathérapie les rendront heureux.

***Les signes d'air : Gémeaux, Balance et Verseau** ne sont pas matérialistes, et la fonctionnalité d'un cadeau est bien plus importante que son prix. Leur imagination est débordante et tout ce qui stimule cette capacité leur plaît.*

Un téléphone portable, un ordinateur ou un IPad, des livres sur le développement personnel, la spiritualité, la philosophie et les thérapies alternatives, des cours d'auto-assistance et d'autonomisation économique, un télescope, des billets d'opéra ou de théâtre, un animal qui n'a pas besoin d'être en cage, du quartz, des huiles essentielles, de l'encens et des eaux de Cologne après le bain seront très appréciés par ces signes.

***Le Cancer, le Scorpion et le Poisson**, les signes d'eau, adoreront les cadeaux personnalisés. Des ustensiles de cuisine, un dîner romantique sur la plage au clair de lune, un massage relaxant dans un spa, de la lingerie audacieuse, des pantoufles ou un canapé* *confortable pour regarder la télévision, une bouteille de champagne, des bougies parfumées, des amulettes, des livres d'astrologie, un jeu de cartes de tarot, des lotions, des parfums et des accessoires de beauté, du vin, des biscuits, des conserves et toutes sortes de produits gastronomiques figurent sur la liste des cadeaux que ces signes accepteront volontiers.*

Offrir des cadeaux est une bénédiction, c'est un geste de générosité ; offrir des cadeaux est un acte symbolique qui représente un compliment, une attention à quelqu'un à qui l'on veut faire plaisir et qui symbolise l'affection que l'on porte à cette personne.

Lorsque nous offrons des cadeaux, les relations sont améliorées et renforcées, et la joie est au rendez-vous.

Les signes du zodiaque et leurs peurs.

Les douze signes du zodiaque symbolisent douze archétypes essentiels de la personnalité humaine, mais ils sont en même temps des prototypes psychologiques, c'est pourquoi chacun des signes du zodiaque a une peur très spécifique et personnelle.

Rappelons que la peur est un mécanisme d'alarme et de défense essentiel chez l'homme. Elle ne devient un problème que lorsqu'elle est excessive.

*Les peurs sont des insécurités et parfois nous les projetons dans des actions opposées comme c'est le cas pour le signe du **Bélier** ; connu pour sa volonté de fer, rien ni personne ne le paralyse. Ils aiment tout contrôler et leur peur la plus ancrée est d'échouer ou de demander de l'aide, car pour eux c'est synonyme de faiblesse.*

__Le Taureau__ est le plus têtu des signes de terre. Le changement les terrifie, tout comme le fait de manquer d'argent ; ils passent leur vie à économiser parce que la pauvreté les terrifie.

__Les Gémeaux, les__ communicateurs du zodiaque, un peu anxieux et peu sûrs d'eux, cherchent à attirer l'attention car ils redoutent d'avoir l'air ennuyeux.

Enfants légitimes de la Lune, les Cancers aiment leur zone de sécurité car personne ne peut les blesser, ils sont terrifiés par la solitude et le rejet.

***Le Lion**, roi du zodiaque, leader et courageux, n'est pas né pour perdre. Leur peur la plus profonde est de passer inaperçus, ils préfèrent qu'on parle d'eux en mal, mais qu'on ne les ignore pas.*

*Le maître de la propreté La **Vierge** devient parfois compulsive en matière de santé, ce qui explique qu'elle soit hypocondriaque. Leur principale crainte est de tomber malade, mais la désorganisation les effraie plus que tout.*

*Exceptionnellement intelligents, les **Balances** sont indécises et c'est là que réside leur principale crainte : prendre des décisions. Une autre de leurs craintes est la solitude.*

*Enigmatiques et séduisants, les **Scorpions** ont une mémoire d'éléphant, ils craignent la trahison et si vous faites quelque chose qu'ils n'aiment pas, ils vous le cacheront à jamais. Ne cachez jamais un secret à un Scorpion.*

*Aventurier du zodiaque, le **Sagittaire est** terrifié par l'engagement parce qu'il est terrifié par les exigences. Il est très amusant, mais derrière son sourire se cache la peur d'être trompé.*

*Exigeants à l'extrême, les **Capricornes** ne se détournent jamais de leurs objectifs ; leur principale crainte est de commettre des erreurs, surtout au niveau professionnel. Ils font preuve d'abnégation et craignent de ne pas réaliser leurs rêves.*

***Les Verseaux** rebelles et utopiques craignent de perdre leur liberté, car cela signifierait perdre leur essence même. Ils ont toujours de nombreuses amitiés, mais aucune ne les lie. Ils ont besoin du groupe, mais ne veulent pas que le groupe ait besoin d'eux.*

*La paix est synonyme de **Poissons**, qui détestent la confrontation. Compatissants jusqu'au bout des ongles, ils craignent de voir les autres souffrir. Ils sont peu sûrs d'eux, ont le trac et craignent d'être rejetés.*

Certains vieux livres d'astrologie tiennent Saturne pour totalement responsable de la peur dans un thème natal. Je pense que pour que la peur prenne naissance, il doit y avoir une alliance de plusieurs planètes avec leurs énergies correspondantes.

C'est-à-dire que les peurs sont représentées par diverses planètes liées par des aspects, il n'y a pas de planète spécifique qui soit nécessairement liée au développement d'un type de peur.

Lune en Lion

Si votre Lune est en Lion, vous exprimez vos émotions avec passion et intensité, et vous aimez être au centre de l'attention et donner à vos sentiments une touche dramatique.

Idéalement, vous voulez être apprécié, mais avec la Lune en Lion, toute attention est préférable à l'absence d'attention. Si vous sentez qu'on vous ignore, vous vous sentirez menacé, et lorsque cela se produit, votre instinct vous pousse à faire semblant.

En d'autres termes, tant que vous êtes au centre de l'attention, vous êtes heureux et vous vous sentez en sécurité.

Dans un monde parfait, tout serait centré sur vous, mais comme le monde n'est pas parfait, vous n'êtes pas au centre de l'attention.

Avec la Lune en Lion, votre défi n'est pas de découvrir vos besoins en matière de sécurité, mais de vous assurer que les éléments de votre liste de priorités sont appropriés.

Vous devez analyser chaque relation et déterminer quand il est approprié pour vous d'être le centre d'attention. Soyez conscient de vos réactions.

Profilez votre moi intérieur afin que les autres vous apprécient pour ce que vous êtes.

Les personnes ayant la Lune en Lion sont chaleureuses et généreuses avec les membres de leur famille, empathiques et loyales. Elles sont sujettes à la jalousie émotionnelle, mais ne sont pas possessives. Elles ont besoin d'un partenaire qu'elles peuvent impressionner. Ces énergies les rendent difficiles à contacter sur le plan émotionnel.

Ils se sentent blessés lorsqu'ils ont l'impression d'être ignorés.

Ils ressentent instinctivement des émotions fortes, sont dramatiques et créatifs. La Lune en Lion est associée aux enfants, ils aiment donc jouer et s'amuser. Passer du temps avec les enfants les aide à développer leur créativité et à s'amuser.

Les personnes ayant la Lune en Lion ont des qualités de leader inspirantes. Elles encouragent les gens à s'engager à obtenir des résultats, tout en appréciant le voyage.

L'importance du signe ascendant

Le signe solaire a un impact majeur sur notre personnalité, mais c'est l'ascendant qui nous définit vraiment, et c'est peut-être même la raison pour laquelle vous ne vous identifiez pas à certains traits de votre signe astrologique.

C'est pourquoi, lorsque vous lisez votre horoscope, vous vous sentez parfois identifié et cela donne un sens à certaines prédictions, et cela se produit parce qu'il vous aide à comprendre comment vous pourriez vous sentir et ce qui vous arrivera, mais il ne vous montre qu'un pourcentage de ce qui pourrait réellement se passer.

L'ascendant est différent du signe solaire parce qu'il reflète ce que nous sommes superficiellement, c'est-à-dire la façon dont les autres vous voient ou l'énergie que vous transmettez aux gens, et c'est tellement réel que vous pouvez rencontrer quelqu'un et si vous prédisez son signe, vous pouvez avoir découvert son signe ascendant et non son signe solaire.

En bref, les caractéristiques que vous voyez chez quelqu'un lorsque vous le rencontrez pour la première fois est l'Ascendant, mais comme nos vies sont affectées par la façon dont nous sommes en relation avec les autres, l'Ascendant a un impact majeur sur notre vie quotidienne.

Il est un peu complexe d'expliquer comment le signe ascendant est calculé ou déterminé, car ce n'est pas la position d'une planète qui le détermine, mais le signe qui se levait à l'horizon est au moment de votre naissance, contrairement à votre signe solaire, qui dépend de l'heure précise à laquelle vous êtes né.

Grâce à la technologie et à l'Univers, il est aujourd'hui plus facile que jamais de connaître cette information, bien sûr si vous connaissez votre heure de naissance, ou si vous avez une idée de l'heure mais qu'il n'y a pas une marge de plus de quelques heures, car il y a de nombreux sites web qui font le calcul en entrant les données, astro.com est l'un d'entre eux, mais il y en a une infinité.

De cette façon, lorsque vous lisez votre horoscope, vous pouvez également lire votre Ascendant et connaître des détails plus personnalisés, vous verrez qu'à partir de maintenant, si vous faites cela, votre façon de lire l'horoscope changera et vous saurez pourquoi ce Sagittaire est si modeste et pessimiste alors qu'en réalité il est si exagéré et optimiste, et c'est peut-être parce qu'il a un Ascendant Capricorne, ou parce que ce collègue Scorpion est toujours en train de parler de tout, sans aucun doute, il a un Ascendant Gémeaux.

Je vais résumer les caractéristiques des différents Ascendants, mais c'est aussi très général car ces caractéristiques sont modifiées par les planètes conjoints à l'Ascendant, les planètes à l'aspect de l'Ascendant et la position de la planète maîtresse du signe sur l'Ascendant.

Par exemple, une personne dont l'ascendant est Bélier et dont la planète maîtresse, Mars, est en Sagittaire, réagira à l'environnement de manière légèrement différente qu'une autre personne, également Bélier, mais dont Mars est en Scorpion.

De même, une personne dont l'ascendant est Poissons et qui a Saturne en conjonction avec lui se "comportera" différemment d'une personne dont l'ascendant est Poissons et qui n'a pas cet aspect.

Tous ces facteurs modifient l'Ascendant, l'astrologie est très complexe et on ne lit pas ou on ne fait pas d'horoscopes avec des cartes de tarot, car l'astrologie n'est pas seulement un art mais aussi une science.

Il est fréquent de confondre ces deux pratiques car, bien qu'il s'agisse de deux concepts totalement différents, elles ont des points communs. L'un de ces points communs repose sur leur origine, à savoir que les deux procédures sont connues depuis l'Antiquité.

Ils sont également similaires en ce qui concerne les symboles qu'ils utilisent, car tous deux ont des symboles ambigus qui doivent être interprétés, ce qui nécessite une lecture et une formation spécialisées pour savoir comment interpréter ces symboles.

Il existe des milliers de différences, mais l'une des principales est que, tandis que dans le tarot les symboles sont parfaitement compréhensibles à première vue, puisqu'il s'agit de cartes figuratives, bien qu'il soit nécessaire de savoir les interpréter correctement, dans l'astrologie nous observons un système abstrait qu'il est nécessaire de connaître à l'avance pour pouvoir l'interpréter, et bien sûr il faut dire que, bien que nous puissions reconnaître les cartes du tarot, tout le monde ne peut pas les interpréter correctement.

L'interprétation est également une différence entre les deux disciplines, car si le tarot n'a pas de référence temporelle exacte, les cartes étant placées dans le temps uniquement grâce aux questions posées dans le tirage correspondant, l'astrologie se réfère à une position spécifique des planètes dans l'histoire, et les systèmes d'interprétation utilisés par les deux disciplines sont diamétralement opposés.

Le thème astrologique est la base de l'astrologie et l'aspect le plus important pour faire une prédiction. Le thème astrologique doit être parfaitement élaboré pour que la lecture soit réussie et que l'on en apprenne plus sur la personne.

Pour établir un thème natal, il est nécessaire de connaître toutes les données relatives à la naissance de la personne concernée.

Elle doit être connue avec précision, depuis l'heure exacte de la naissance jusqu'au lieu où elle a eu lieu.

La position des planètes au moment de la naissance révèlera à l'astrologue les points dont il a besoin pour établir le thème de la naissance.

L'astrologie ne consiste pas seulement à connaître votre avenir, mais aussi à connaître les points importants de votre existence, tant présente que passée, afin que vous puissiez prendre de meilleures décisions pour décider de votre avenir.

L'astrologie vous aidera à mieux vous connaître, afin que vous puissiez changer ce qui vous bloque où mettre en valeur vos qualités.

Et si le thème astrologique est la base de l'astrologie, le tirage de tarot est fondamental dans cette dernière discipline. Tout comme la personne qui fait le thème astrologique, le voyant qui fait le tirage de tarot sera la clé du succès de votre tirage, c'est pourquoi il est préférable de demander des lecteurs de tarot recommandés, et bien qu'ils ne puissent sûrement pas répondre à tous les doutes que vous avez dans votre vie, une lecture correcte du tirage de tarot, et des cartes qui apparaissent dans le tirage de tarot, vous aidera à vous guider dans les décisions que vous prendrez dans votre vie.

En bref, l'astrologie et le tarot utilisent le symbolisme, mais la question clé est de savoir comment tout ce symbolisme est interprété.

Une personne qui maîtrise vraiment les deux techniques sera sans aucun doute d'une grande aide pour les personnes qui lui demanderont conseil.

De nombreux astrologues combinent les deux disciplines, et une pratique régulière m'a appris que les deux se combinent généralement très bien, apportant une composante enrichissante dans toutes les questions de prédiction, mais elles ne sont pas identiques et vous ne pouvez pas faire un horoscope avec des cartes de tarot, pas plus que vous ne pouvez faire une lecture de tarot avec un thème astrologique.

Ascendant en Lion

Les personnes dont l'Ascendant est dans le signe du Lion sont les plus optimistes du zodiaque, elles savent profiter des opportunités qui se présentent à elles et sont capables d'atteindre tous les objectifs qu'elles se fixent.

L'ascendant Lion a besoin de montrer son individualité et d'exprimer sa créativité.

Parfois, cet Ascendant pense qu'il devrait être traité comme un roi, parce que son ego est si grand. Il doit *effectuer un travail dynamique pour gagner le statut qu'il pense mériter et ne pas s'énerver lorsqu'il n'obtient pas ce qu'il veut.*

Leur ego est fort et puissant et elles sont théâtrales et dramatiques. Ces personnes doivent apprendre que si les louanges viennent de l'extérieur, elles ne seront jamais complètement heureuses ou n'atteindront pas leur plein potentiel, car ces circonstances ne servent qu'à amplifier leur ego. Les personnes dont l'Ascendant est en Lion doivent apprendre à maîtriser leur ego et, si elles veulent réussir, elles doivent se concentrer sur elles-mêmes et ne pas laisser ce côté vaniteux prendre le dessus.

Bélier - Ascendant Lion

Les personnes ayant cet ascendant sont très enthousiastes. Le Bélier et le Lion sont deux signes de feu, avec beaucoup de potentiel, qui se renforcent mutuellement.

Ce sont des personnes qui ont une très haute estime d'elles-mêmes, ce qui se reflète dans la façon dont les autres les perçoivent. Elles se distinguent par leur gentillesse.

Dans le domaine du travail, ils excellent parce qu'ils sont combatifs, même s'ils s'emportent parfois facilement. Leur personnalité égocentrique peut interférer avec leur profession car elles sont tirées vers le bas par leur orgueil et le besoin d'être au centre de l'attention.

En amour, elles sont très sentimentales, protectrices et, lorsqu'elles tombent amoureuses, elles se donnent à fond.

Parfois, ils sont tellement vaniteux et arrogants qu'ils deviennent toxiques et contrôlants.

Taureau - Ascendant Lion

Le Taureau avec Ascendant Lion vit dans une quête constante de plaisir. Cette combinaison recherche le succès, tant au niveau professionnel que personnel, avec acharnement. Ils aiment le statut et le prestige.

Au travail, ils s'efforcent activement de réussir, et s'ils n'y parviennent pas, ils sont très déçus.

Ils sont passionnés et romantiques, et aiment faire la cour, mais aussi être courtisés. S'ils aiment quelqu'un, ils se battront pour le conquérir.

Son point négatif est le gaspillage des dépenses de luxe.

Gémeaux - Ascendant Lion

Les Gémeaux avec un ascendant Lion sont des personnes très communicatives. Ils sont toujours à la recherche de nouvelles activités et excellent dans la polyvalence.

Ces personnes aiment partager et échanger des idées, elles ont donc tendance à écouter et à apprécier tous les arguments.

Dans le domaine professionnel, ils s'intéressent à différentes branches et peuvent réussir dans chacune d'entre elles. Le problème est qu'ils ont du mal à se concentrer.

En amour, elles sont séduisantes et ne rencontrent aucune difficulté à se faire des amis. Lorsqu'elles tombent amoureuses, elles se battent par tous les moyens pour être avec cette personne et s'engagent jusqu'au bout.

Un aspect négatif de ces personnes est qu'elles peuvent facilement se laisser emporter par leur ego, rabaisser les opinions des autres et essayer de manipuler leurs pensées.

Cancer - Ascendant Lion

Les personnes ayant cet Ascendant sont aimantes et orientées vers la famille. Elles font preuve de beaucoup d'empathie et de compréhension et sont capables d'aider sincèrement ceux qui sont dans le besoin.

Idéaliste et ambitieuse, elle planifie de nombreux projets avec optimisme et réussit.

En amour, ils sont intenses et lorsqu'ils aiment quelqu'un, ils sont fidèles.

Cette combinaison est un peu théâtrale et sentimentale, ce qui les pousse à amplifier leurs émotions et à transformer la moindre chose en tragédie.

Lion - Ascendant Lion

Les Lion avec un ascendant Lion sont des personnes très dynamiques et confiantes qui envoûtent tous ceux qu'elles rencontrent. Ce sont des leaders par excellence.

Ils sont motivés au travail et aiment être reconnus publiquement, ce qui les incite à développer des compétences précieuses.

Elles sont optimistes et ont confiance en elles. Elles ont la capacité de relever tous les défis.

Dans la sphère émotionnelle, ils sont très affectueux et protecteurs. Elles ont besoin d'être reconnues et valorisées dans la relation. Elles recherchent parfois davantage quelqu'un qui les admire que quelqu'un qui est dans la même position qu'elles.

Les Lion avec Ascendant Lion sont autoritaires et égocentriques, surtout s'ils sont en position de pouvoir.

Vierge - Ascendant Lion

Ces personnes ne sont généralement pas très économes, bien qu'elles ne soient pas complètement séduites par les excès. Elles ont de grandes ambitions et sont très responsables dans tout ce qu'elles font.

Sur le marché du travail, cette combinaison est très débrouillarde et excelle dans les capacités intellectuelles. Ils sont perfectionnistes et détestent l'échec.

En amour, ils ne sont pas très exigeants dans leurs relations, mais s'ils apprécient une personne, ils feront tout pour la conquérir.

Balance - Ascendant Lion

Les Balance avec un Ascendant Lion sont de nature sociable, accessibles à tous, ce qui leur permet de nouer des relations très facilement.

C'est l'une des combinaisons les plus équilibrées. Ces personnes ont tendance à s'intéresser très tôt aux matières intellectuelles.

Dans le domaine sentimental, ils sont confiants et déterminés, très passionnés et socialement doués.

Scorpion - Ascendant Lion

Cette combinaison est celle de personnes qui se soucient du bien-être de leurs proches.

Au travail, elles ont l'énergie et la force de s'investir dans leur travail. Ce sont généralement des personnes ambitieuses qui sont toujours à la recherche de défis et de nouvelles idées à appliquer. Elles se battent jusqu'au bout pour réaliser tout ce qu'elles entreprennent.

Ce sont des conquérants, et rien ne peut les arrêter une fois qu'ils ont quelqu'un ou quelque chose dans la tête. Ils sont totalement dévoués à leur partenaire et ont besoin d'une vie de sexe et d'amour intense pour être à l'aise dans leur relation.

Ils sont parfois dictatoriaux, n'écoutent pas les opinions des autres et n'écoutent pas les conseils.

Ces personnes deviennent obsédées et peuvent détruire des parties de leur vie, de leur travail et de leurs amitiés.

Sagittaire - Ascendant Lion

Les Sagittaires avec un ascendant Lion sont des personnes qui prennent soin d'autrui et qui ont de l'estime pour elles-mêmes. Ils sont affectueux et gentils, ils aiment voir les autres heureux. Ils offrent leur protection à tous leurs proches et essaient de plaire parce que cela vient de leur cœur.

Ils s'efforcent de trouver leur véritable vocation. Ils sont de bons communicateurs et excellent dans leurs nombreux talents.

Ces personnes sont très émotives, elles aiment aimer et être aimées.

Ces personnes sont parfois vaniteuses, narcissiques et se perdent dans les plaisirs de la vie.

Capricorne - Ascendant Lion

Les Capricornes avec Ascendant Lion sont des personnes responsables, ils savent gérer la vie et tout ce qui les entoure. Ils possèdent une grande volonté.

Au travail, elles transmettent leur conviction à ceux qui les entourent, et lorsqu'elles ont un objectif, elles l'atteignent généralement. Elles ont des compétences sociales et le sens du détail. Si elles utilisent correctement leurs ressources, elles peuvent atteindre une position professionnelle reconnue.

En amour, ils sont charismatiques, ils aiment être le chef dans leurs relations et peuvent être autoritaires, mais ils savent reconnaître ce qui est raisonnable et ce qui ne l'est pas.

Ils peuvent parfois être trop critiques et, s'ils ne concentrent pas leurs qualités, ils peuvent faire des ravages.

Verseau - Ascendant Lion

Les Verseaux avec Ascendant Lion sont des personnes qui ont des idéaux forts et qui aiment les transmettre. Ils savent s'affirmer et faire en sorte que les autres écoutent leurs opinions avec respect et admiration.

Au travail, elles aiment exceller et occuper des postes importants. Elles sont altruistes, mais ont un côté égocentrique qui a besoin de la reconnaissance des autres pour s'équilibrer.

Dans les relations amoureuses, ils recherchent la bonne compagnie et aiment profiter des plaisirs. Leur partenaire idéal est celui qui n'est pas soumis.

Lorsque quelqu'un leur obéit, ils perdent facilement leur sang-froid.

Poissons - Ascendant Lion

Les Poissons avec un Ascendant Lion sont très empathiques, attirants et séduisants. Ils possèdent un grand pouvoir d'imagination et une bonne intuition.

Sur le plan professionnel, ils ont un incroyable flair pour les affaires et leur magnétisme personnel les conduit facilement à des postes de responsabilité et de pouvoir.

Dans leurs relations, elles peuvent être un peu égoïstes, mais aussi altruistes avec les personnes qu'elles aiment. Cependant, avec leur partenaire, elles sont attentives et généreuses.

Elles ont tendance à être vaniteuses et égocentriques. Elles recherchent l'attention à tout prix, ce qui peut être source de conflits.

Saturne en Poissons, l'un des événements astrologiques les plus importants.

Le 7 mars 2023 a été l'un des jours les plus importants du calendrier astrologique de cette année-là. Saturne, l'enseignant sévère et le seigneur du karma, est entré en conflit avec les Poissons, le rêveur. Ce transit de Saturne en Poissons, qui durera jusqu'en février 2026, n'a pas été un mélange bienvenu.

Saturne est une planète de responsabilité et d'autorité stricte, qui nous discipline et nous structure lorsqu'elle traverse le zodiaque. Saturne veut vérifier comment nous atteignons nos objectifs, et lorsque cette planète traverse les Poissons, le signe le plus spirituel, d'importantes propositions nous sont faites. Pluton et Saturne, se déplaçant à l'unisson, provoqueront un gigantesque volcan énergétique et garantiront une période inoubliable. Cela peut sembler être une formule de bataille, mais cette combinaison énergétique peut en fait être efficace et profitable.

Saturne n'est pas satisfait en Poissons. Il lui est difficile d'établir des structures et de construire la réalité lorsque tout est en mouvement. Le Poisson est un signe double, il peut donc s'exprimer de manière opposée ; il peut être à la fois transcendantal et pratique. Il est possible que Saturne en Poissons indique la construction de formes au-dessus ou au-dessous de l'eau, ou pour dominer l'eau, comme des conduits, des aqueducs et des ports. Mais il peut aussi révéler l'effondrement de ces structures en raison d'ouragans ou de la fragilité de leur structure.

L'archétype des Poissons est en contradiction avec Saturne. Il représente l'utopie, la créativité, la spiritualité et l'ésotérisme, ainsi que les rêves, les illusions, les mensonges et l'évasion. Il symbolise l'aspiration à couler comme la mer, en brisant les frontières et les restrictions.

Le dernier transit de Saturne en Poissons s'est déroulé de mai 1993 à avril 1996. Cette étape a été marquée par les conséquences de l'effondrement de l'Union soviétique en 1989, qui a entraîné des répercussions dans le monde entier et a écrasé l'économie russe. La Russie a déclenché la première guerre de Tchétchénie en 1994, qui a duré jusqu'en 1996. Le Tribunal pénal international pour l'ex-Yougoslavie a été créé à La Haye en mai 1993 pour poursuivre les crimes de guerre commis pendant la guerre de Yougoslavie au début des années 1990. D'autre part, la guerre de Bosnie entre Croates, Bosniaques et Serbes s'est prolongée dans la cruauté, le nettoyage ethnique et diverses exécutions. La guerre s'est terminée en 1995 et la plupart des commandants serbes bosniaques ont été condamnés pour génocide et crimes contre l'humanité. En 1994, le génocide rwandais a commencé lorsque des gangs hutus ont assassiné plus de 700 000 Tutsis, et un nombre incalculable de femmes ont été violées pendant le massacre, qui s'est terminé en juillet. La crise du désarmement en Irak, après la fin de la première guerre du Golfe, fait rage avec beaucoup de bruit et sans confiance entre les personnes impliquées. En Suisse, une secte appelée "Ordre du Temple Solaire" s'est lancée dans une série de crimes et de suicides collectifs, et ici, aux États-Unis, Timothy McVeigh a assassiné 168 personnes lors de l'attentat d'Oklahoma City. C'est au cours de ce transit de Saturne en Poissons qu'O.J. Simpson a été arrêté pour le meurtre de son ex-femme et de son petit ami, et libéré après un long procès qui a été un véritable spectacle hollywoodien. À Londres, Fred West et sa femme Rose ont été emprisonnés après avoir extrait, dans leur jardin, les corps de plusieurs victimes de meurtres. L'Afrique du Sud tient ses premières élections multiraciales et Nelson Mandela est élu président, ce qui entraîne l'abolition de la peine de mort dans ce pays. La Russie et la Chine signent un accord pour cesser de se provoquer mutuellement avec leurs engins nucléaires, et le traité de non-prolifération nucléaire est amplifié à l'infini par 170 pays. L'Australie a accepté d'indemniser les populations indigènes qui avaient été expulsées lors des essais nucléaires des années 1950 et 1960.

Parmi les autres événements survenus pendant le transit de Saturne en Poissons, citons les courants religieux, les mouvements idéologiques tels que le socialisme et le gauchisme, la transmission de maladies et la contagion, les comportements destructeurs induits par la panique, l'augmentation de la consommation de drogues et le développement de tous les types d'art, ainsi que des moyens de transport maritime.

Saturne en Poissons veillera à ce que nous ne puissions pas utiliser la spiritualité ou la peur pour éviter certains conflits auxquels nous devons faire face. Nous pouvons méditer, aller passer cent ans au Tibet, utiliser les mantras les plus puissants de l'univers, mais à un moment donné, il faut aussi agir.

Au cours des dernières années où Saturne a transité par le Verseau, il a été nécessaire de se concentrer sur l'individualité et d'être plus authentique, plutôt que de tolérer la coercition de ceux qui nous entourent. Bien que le Verseau soit un signe connu pour danser à son propre rythme, Saturne étant synonyme de limites, il nous a poussés à nous asseoir seuls avec nous-mêmes (rappelez-vous les restrictions pendant la pandémie), et à examiner où nous pouvons nous placer pour créer des limites saines.

Toutes ces leçons nous ont préparés à ce qui nous attend avec Saturne en Poissons. Nous commencerons à être plus raisonnables sur la façon d'ajouter de la spiritualité dans notre vie quotidienne, tout en gardant une compréhension de la façon de nous structurer. De *nombreuses personnes abandonneront ou remettront en question les religions ou les dogmes.*

Bien sûr, nombreux sont ceux qui n'apprécieront pas cette période, notamment les chefs religieux et les adeptes des théories du complot. Nous assisterons à des conflits entre individus de religions différentes et à de nombreuses tendances à essayer de dominer ce que les autres choisissent de croire. Nous devons accepter que ce n'est pas parce que les autres ne partagent pas nos croyances qu'ils ont tort. Cela indique simplement que leurs points de vue sont différents, parce qu'en fin de compte, les Poissons sont synonymes d'inclusion. Quelque chose qui nous manque.

Les Poissons et Neptune régissant le monde du spectacle, les grands studios et les maisons de disques fermeront leurs portes, et de nombreux artistes qui étaient liés à ces studios décideront de créer leur propre studio. Si vous êtes un artiste, il est dans votre intérêt d'utiliser votre travail à bon escient, plutôt que de laisser les grandes entreprises au sommet profiter des dividendes.

On s'intéressera moins aux effets spéciaux et on s'orientera davantage vers des films autonomes et des thèmes qui reflètent la vie de tous les jours. Nous apprécierons la beauté qui nous entoure et serons moins motivés par le glamour.

Le karma a souvent tendance à être perçu comme un mal, mais récolter ce que l'on a semé n'est pas une mauvaise chose, à condition d'avoir été bon. Travailler avec notre bagage karmique et subconscient, comprendre le passé et être prêt à lâcher prise, est crucial pour naviguer dans ce transit et en sortir avec succès. Si vous l'esquivez, Saturne vous punira, mais si vous l'embrassez, vous arriverez à un endroit prédestiné à quelque chose de grand.

La position de Saturne dans notre thème natal indique où nous sommes obligés de prendre le contrôle de la réalité et d'assumer de plus grandes responsabilités. Les Poissons étant le dernier signe du zodiaque, le mouvement de Saturne ici indique également la fin ou le point d'achèvement d'un cycle beaucoup plus vaste.

Le Poisson est un signe d'eau qui représente la lumière, l'obscurité et les mondes invisibles. Il est connu pour ses idées abstraites et sa créativité. Le Poisson est mutable, ce qui signifie qu'il est adaptable et ouvert aux énergies du monde qui l'entoure. Saturne est une énergie très solide. Il règne sur la loi, les responsabilités et les restrictions, et son énergie peut parfois être ressentie comme un appel au réveil, nous ramenant à la réalité et nous obligeant à faire face aux conséquences de nos actes.

La présence de Saturne en Poissons peut sembler un peu lourde à cause de tout cela, car l'énergie des

Poissons, normalement aqueuse, intuitive et sensible, sera forcée de devenir un peu plus réservée.

Pour mieux comprendre, on peut imaginer les choses de la manière suivante : si les Poissons sont une eau qui coule doucement, la présence de Saturne construira des barrages, et ces retenues peuvent orienter l'eau dans une direction productive et bénéfique, mais elles peuvent aussi donner l'impression d'être plus oppressives ou plus contrôlantes. Cependant, il existe un moyen de créer un équilibre entre ces deux énergies, car les idées créatives, intangibles et extérieures de l'énergie des Poissons peuvent s'enraciner grâce à Saturne.

Saturne a une énergie pratique, donc si nous la combinons avec la créativité des Poissons, un équilibre peut être atteint pour nous aider à prendre nos idées créatives et à leur donner vie ou même à les transformer en entreprise.

Les Poissons sont également liés à la religion et à la spiritualité. Avec Saturne, de nombreuses questions pourraient être posées sur la religion et la spiritualité et sur la façon dont elles sont liées aux règles qui régissent la société, l'industrie spirituelle pourrait également être réveillée par cette énergie ou, à un niveau personnel, vos propres attitudes et croyances concernant vos liens spirituels ou religieux changeront.

Ce que Saturne attend de nous, c'est que nous prenions la responsabilité de notre vie et que nous agissions en accord avec notre moi authentique. Saturne peut imposer des limites et des restrictions qui nous donnent l'impression d'être piégés ou étouffés, mais c'est seulement pour que nous puissions prendre le temps de découvrir ce que nous voulons vraiment et ce que nous sommes vraiment prêts à défendre.

Ci-dessous, vous pouvez lire un résumé de ce que le transit de Saturne en Poissons apportera à chaque signe du zodiaque. Si vous voulez tirer le meilleur parti de toutes ces informations, je vous recommande de lire celle qui concerne votre signe ascendant, si vous le connaissez, et de mélanger ensuite les interprétations.

Une autre façon d'en savoir plus sur ce puissant transit planétaire est de réfléchir aux thèmes qui se sont déroulés dans votre vie la dernière fois que Saturne était en Poissons, de 1994 à 1996, afin d'obtenir des informations supplémentaires sur ce que ce cycle peut vous apporter.

Comment cela affectera-t-il le signe du Lion ?

Lorsque Saturne transite les Poissons, vous pouvez vous tourner vers l'intérieur. Vous serez fortement incité à vous comprendre plus profondément et à découvrir des processus de pensée cachés ou des schémas subconscients.

Saturne en Poissons peut également apporter une transformation profonde dans laquelle vous êtes guidé à travers un processus de mort et de renaissance.

La nature est constamment dans un cycle de régénération, les arbres perdent leurs feuilles, entrent dans une phase de mort et au printemps, ils repoussent, entrant dans une phase de renaissance.

Il y a aussi l'histoire du phénix qui renaît de ses cendres. Avec Saturne en Poissons, il se peut que vous fassiez le voyage de la mort et de la renaissance.

Il se peut que vous ayez besoin d'effacer un cycle ou d'éliminer une croyance ou un mode de vie obsolète, et de le faire renaître en quelque chose de nouveau. La renaissance d'un domaine de votre vie peut toujours apporter son lot de défis, et avec Saturne impliqué, il y a forcément des défis à relever.

Saturne est comme un professeur sévère qui vous pousse à donner le meilleur de vous-même. Saturne ne nous pousse jamais trop ou pas assez, il semble toujours savoir ce qu'il faut pour faire ressortir tout notre potentiel. En traversant ce cycle de renaissance, vous atteindrez une nouvelle limite à votre potentiel.

Vous découvrirez de nouvelles compétences, voyagerez dans des endroits que vous n'avez jamais vus auparavant et, en fin de compte, vous en sortirez en vous connaissant mieux et plus intimement.

Saturne en Poissons a pour but d'apprendre à vous connaître vraiment. Il s'agit de se débarrasser des masques, des faussetés, des choses qui vous bloquent ou vous limitent, et d'éplucher les couches pour révéler une version plus vraie de vous-même.

Saturne est étroitement lié à notre contrat d'âme, le contrat que nous passons avant d'arriver dans ce royaume terrestre. Notre contrat d'âme décrit toutes les choses que l'âme est destinée à apprendre et à traverser pendant son séjour à l'école de la terre.

Le travail de Saturne est de s'assurer que nous respectons les clauses de notre contrat d'âme. Il veut s'assurer que nous sommes sur le bon chemin et que nous faisons ce que nous sommes censés faire, de sorte que tout ce qui nous distrait de notre chemin sera éliminé et que toute dette karmique devant être payée devra être résolue.

Saturne en Poissons peut également causer des problèmes liés à votre sexualité et à vos relations intimes. Vous pourriez avoir besoin de vous reconnecter à vous-même et à ce qui vous apporte du plaisir.

Vous aurez peut-être envie d'explorer votre côté sexuel ou de vous sentir plus à l'aise avec votre corps. Saturne peut également imposer des limites et des restrictions. Ainsi, bien que vous soyez encouragé à mieux vous connaître et à développer une relation plus profonde et plus intime avec vous-même, vous pourriez ressentir le contraire au début.

Vous pouvez vous sentir déconnecté de vous-même et donc de vos désirs et de votre centre de plaisir. Vous n'êtes peut-être pas sûr de ce que vous attendez de vos partenaires intimes, ou vous avez du mal à communiquer ce qui vous fait du bien.

Saturne en Poissons vous aide à devenir intime, mais vous devez d'abord le faire avec vous-même avant de pouvoir le faire avec les autres.

Prenez le temps d'apprendre à vous connaître et à savoir ce que vous désirez, connectez-vous à ce qui vous excite et travaillez peut-être sur vos centres énergétiques. Les chakras inférieurs, qui comprennent le chakra racine et le chakra sacré, sont situés sous le nombril et sont liés à notre sentiment de sécurité et à notre sens du désir créatif.

Ce n'est que lorsque nous nous sentons en sécurité dans notre propre corps que nous pouvons activer nos centres de plaisir. Trouvez donc des moyens de vous sentir en sécurité et ancré dans votre propre corps, et il vous sera plus facile de revenir à un état de plaisir ou de joie.

Il est possible que vous ayez besoin de vous reposer pendant que Saturne traverse les Poissons. Saturne vous incitera à prendre la responsabilité de votre corps et de votre santé mentale, et vous encouragera à demander de l'aide si vous en avez besoin.

Chaque fois que vous êtes guidé dans un cycle de renaissance, vous devez également vous régénérer. Vous devez vous donner le temps et l'espace nécessaires pour recharger vos batteries afin de traverser ce cycle.

De même que les arbres restent en sommeil pendant l'hiver, parce qu'ils conservent leur énergie, en attendant le moment propice où les bourgeons refleuriront. Si les arbres ne se reposaient jamais, ils n'auraient pas l'énergie nécessaire pour former ces nouvelles pousses.

Vous devez vous donner des chances égales et vous rappeler que tout arrivera en son temps.

Comme vous êtes un signe de feu, vous pourriez avoir envie de vous précipiter, mais Saturne en Poissons vous enseignera la patience afin que vous puissiez prendre votre temps et réfléchir vraiment aux raisons qui vous poussent à faire ce que vous faites.

Lorsque Saturne aura fini de traverser cette partie des cieux cosmiques, vous vous sentirez plus connecté à qui vous êtes au niveau intime. Vous vous sentirez plus en phase avec ce qui vous apporte du plaisir et avec la façon dont les autres peuvent vous servir, en particulier dans vos relations intimes.

Vous comprendrez ce dont vous avez besoin pour vous assurer que ce qui n'est plus pour vous.

Saturne en Poissons est certainement un transit un peu difficile pour vous, et vous vous sentirez obligé de fermer la porte à quelque chose.

Mais n'oubliez pas que Saturne est là pour vous rapprocher du chemin de votre âme et pour vous permettre d'atteindre un état plus profond d'harmonie et de compréhension de ce que vous attendez de votre vie. Si vous sentez qu'un défi se présente sous cette énergie, revenez à vous-même : que voulez-vous vraiment ? Qu'est-ce qui vous semble juste ? Vous n'avez peut-être pas toutes les réponses, mais chaque fois que Saturne est impliqué, il est bon de revenir à la responsabilité.

Saturne veut que nous prenions la responsabilité de nous-mêmes et de nos vies. Il veut que nous assumions la responsabilité de ce que nous émettons dans le monde et de ce que nous disons vouloir. Il veut s'assurer que notre conversation est alignée avec nos actions et que nos pensées sont alignées avec notre âme.

Bibliographie

Certaines informations ont été extraites des livres publiés par les auteurs : Love for all Hearts, Money for all Pockets et Horoscope 2022 et 2024.

Articles écrits dans le New Herald par l'un des rédacteurs.

À propos des auteurs

En plus de son expertise astrologique, Alina A. Rubi a une formation professionnelle abondante ; elle détient des certifications en psychologie, hypnose, reiki, guérison bioénergétique par les cristaux, guérison angélique, interprétation des rêves et est instructrice spirituelle. Rubi a des connaissances en gemmologie, qu'elle utilise pour programmer des pierres ou des minéraux en amulettes ou en talismans puissants pour la protection.

Rubi a un caractère pratique et orienté vers les résultats, ce qui lui a donné une vision spéciale et intégrative des différents mondes, lui permettant de trouver plus facilement des solutions à des problèmes spécifiques. Alina rédige les horoscopes mensuels pour le site web de l'Association américaine des astrologues, que vous pouvez consulter à l'adresse www.astrologers.com. Elle rédige actuellement une chronique hebdomadaire dans le journal El Nuevo Herald sur des questions spirituelles, publiée tous les dimanches sous forme numérique et les lundis sous forme imprimée. Son programme et son horoscope *hebdomadaire sont également diffusés sur la chaîne YouTube du journal. Son annuaire astrologique est publié chaque année dans le journal "Diario las Américas", sous la rubrique Rubi Astrologa.*

Rubi a écrit plusieurs articles sur l'astrologie pour la publication mensuelle "Today's Astrologer" et a donné des cours d'astrologie, de tarot, de chiromancie, de guérison par le cristal et d'ésotérisme. Elle présente des vidéos hebdomadaires sur des sujets ésotériques sur sa chaîne YouTube : Rubi Astrologa. Elle a eu sa propre émission d'astrologie diffusée quotidiennement sur Flamingo T.V., a été interviewée par plusieurs émissions de télévision et de radio, et publie chaque année son "Annuaire astrologique" avec l'horoscope signe par signe, et d'autres sujets mystiques intéressants.

Elle est l'auteur des livres "Rice and Beans for the Soul" Part I, II et III, une compilation d'articles ésotériques, publiés en anglais, espagnol, français, italien et portugais. Money for All Pockets", "Love for All Hearts", "Health for All Bodies", Astrological Yearbook 2021, Horoscope 2022, Rituals and Spells for Success in 2022, Spells and Secrets, Astrology Classes, Rituals and Charms 2024 et Chinese Horoscope 2024 sont Tous disponible end cinq langues: anglaise, italien, François, japonais et allemande.

Rubi parle couramment l'anglais et l'espagnol et combine tous ses talents et connaissances dans ses lectures. Elle réside actuellement à Miami, en Floride.

*Pour plus d'informations, vous pouvez **consulter le site web** www.esoterismomagia.com.*

Alina A. Rubi est la fille d'Alina Rubi. Elle étudie actuellement la psychologie à l'Université internationale de Floride.

Depuis son enfance, elle s'intéresse à tous les sujets métaphysiques et ésotériques et pratique l'astrologie et la Kabbale depuis l'âge de quatre ans. Elle a des connaissances en tarot, en reiki et en gemmologie. Elle est non seulement l'auteur, mais aussi l'éditrice, avec sa sœur Angeline A. Rubi, de tous les livres publiés par elle et sa mère.

*Pour plus d'informations, veuillez la contacter par courrier électronique : **rubiediciones29@gmail.com***